Bibliografische Information der Deutschen Nationalbibliothek:

Die Deutsche Nationalbibliothek verzeichnet diese Publikation in der Deutschen Nationalbibliografie; detaillierte bibliografische Daten sind im Internet über http://dnb.d-nb.de abrufbar.

Impressum:

Copyright © 2013 ScienceFactory

Ein Imprint der GRIN Verlags GmbH

Druck und Bindung: Books on Demand GmbH, Norderstedt, Germany

Coverbild: pixabay.com

Ich kann nicht anders!

Wie Zwangsstörungen das Leben beeinflussen

Ich kann nicht anders!... 1

Wie Zwangsstörungen das Leben beeinflussen 1

ZWANGHAFTE PERSÖNLICHKEITSSTÖRUNG UND ZWANGSSTÖRUNG. ZU DEN GEMEINSAMKEITEN UND UNTERSCHIEDEN BEIDER STÖRUNGEN VON ALICE HERWIG 2010 7

Einleitung 8

Die zwanghafte Persönlichkeit 9

Die Zwangsstörung 13

Gemeinsamkeiten und Unterschiede beider Krankheitsbilder 16

Zusammenfassung und Ausblick 27

Literaturverzeichnis 28

DIE ZWANGSSTÖRUNG - EINE PSYCHISCHE ERKRANKUNG VON SASCHA KRÜGER 2011 31

Einleitung 32

Definition einer Zwangsstörung 34

Ursachen einer Zwangsstörung 40

Behandlungsmöglichkeiten einer Zwangsstörungen 46

Zusammenfassung und Fazit 53

Literaturverzeichnis: 55

ZWANGSSTÖRUNG – ERKLÄRUNGSMODELLE UND DARSTELLUNG DES VERHALTENSTHERAPEUTISCHEN BEHANDLUNGSABLAUFES VON UNDINE THIEMEIER 2009 57

Einleitung 58

Zwangsstörungen – Symptomatik, Epidemiologie und Verlauf 60

Psychologische Ursachen für Zwangsstörungen 63

Der Ablauf verhaltenstherapeutischer Behandlung 69

Schlussbetrachtung 75

Literaturverzeichnis 77

Internetquelle 78

PHÄNOMEN MESSIE: EINE NEUE FORM DER ZWANGSERKRANKUNG? VON SILKE BACHERT 2008 79

Einleitung 80

Vergleiche mit ähnlichen Erkrankungen 84

Zuordnungsversuche zu anderen Erkrankungen 89

Komorbidität beim Messie-Phänomen 96

Therapieansätze 97

Fazit 98

Quellenverzeichnis 99

Zwanghafte Persönlichkeitsstörung und Zwangsstörung. Zu den Gemeinsamkeiten und Unterschieden beider Störungen
von Alice Herwig
2010

Einleitung

Die zwanghafte Persönlichkeitsstörung ist in der Bevölkerung im Gegensatz zu anderen Persönlichkeitsstörungen (wie z. B. Borderline) relativ unbekannt. Die Störung kann zunächst recht unauffällig bleiben. Laien verwechseln den Begriff der zwanghaften Persönlichkeit daher nur zu häufig mit der Zwangsstörung. Außerdem ist auch die Literatur zur zwanghaften Persönlichkeit recht schmal gefächert, was ihrem Bekanntheitsgrad nicht förderlich ist.

In dieser Arbeit geht es darum, zum einen die zwanghafte Persönlichkeitsstörung und die Zwangsstörung vorzustellen und zum anderen, beide zu vergleichen – mit dem Ziel, sie eindeutig von einander abzugrenzen. Dabei werden zunächst die Krankheitsbilder und deren Ätiologie und Epidemiologie vorgestellt. Weiterhin werden diagnostische Leitlinien und Instrumente vorgestellt und Beispiele für die therapeutische Behandlung gegeben.

Die zwanghafte Persönlichkeit

Krankheitsbild, Ätiologie und Diagnosekriterien

Wie bei allen Persönlichkeitsstörungen handelt es sich auch bei der zwanghaften Persönlichkeit um ein Krankheitsbild mit tief verwurzelten, anhaltenden Verhaltensmustern. Sie zeichnen sich durch ihre Stabilität aus und beziehen sich auf verschiedene Bereiche des Verhaltens und der psychischen Funktionen. Persönlichkeitsstörungen basieren nicht auf anderen psychischen Störungen, sie haben ihren Ursprung in der Kindheit und Adoleszenz, denn dies sind die Lebensphasen, in denen sich die Persönlichkeit eines Menschen entwickelt und an deren Ende sie vermutlich ausgereift ist. Störungen der Persönlichkeit sind aus diesem Grund auch abzugrenzen von Änderungen der Persönlichkeit zu einem späteren Zeitpunkt im Leben.

Persönlichkeitsstörungen sind klassifizierte Krankheiten. Zur zwanghaften Persönlichkeitsstörung findet man in der ICD-10 (WHO, 2005) die anankastische (zwanghafte) Persönlichkeitsstörung (F60.5). Diese ist typischerweise gekennzeichnet durch

1. übermäßigen Zweifel und Vorsicht,

2. ständige Beschäftigung mit Details, Regeln, Listen, Ordnung, Organisation und Plänen

3. Perfektionismus, der die Fertigstellung von Aufgaben behindert

4. übermäßige Gewissenhaftigkeit, Skrupelhaftigkeit und unverhältnismäßige Leistungsbezogenheit unter Vernachlässigung von Vergnügen und zwischenmenschlichen Beziehungen

5. übermäßige Pedanterie und Befolgung von Konventionen

6. Rigidität und Eigensinn

7. unbegründetes Bestehen auf der Unterordnung anderer unter eigene Gewohnheiten oder unbegründetes Zögern, Aufgaben zu delegieren

8. Andrängen beharrlicher und unerwünschter Gedanken oder Impulse.

Die diagnostischen Kriterien gemäß DSM-IV sind beinahe identisch. Sie enthalten allerdings noch einige Nebenaspekte der Störung, wie z. B. das häufige Einhergehen depressiver Verstimmungen und Ärger über Kritik (Fiedler, 2001).

Dadurch, dass die stärksten Eigenschaften der zwanghaften Persönlichkeit – Ordnungsliebe und Ausdauer – in der Gesellschaft als positive Charaktereigenschaften anerkannt sind, auf die man stolz sein kann und denen man entgegenstrebt, suchen Betroffene eher selten allein deswegen therapeutische Hilfe auf (Fiedler, 2001). Erst, wenn sich durch die Persönlichkeitseigenschaften Schwierigkeiten und Einschränkungen im Alltag und vor allem in den zwischenmenschlichen Beziehungen einstellen und ein Leidensdruck entsteht, wird Hilfe aufgesucht. Beispielsweise kann die übertriebene Ordnungsliebe mit erheblichem Zeitaufwand einhergehen, der betrieben wird, um aufzuräumen, zu putzen, usw. So kann es passieren, dass Betroffene ihren anderen Aufgaben und Beziehungen nicht mehr ausreichend nachkommen können, da sie sich zu unwohl fühlen, wenn sie ihren selbst auferlegten Pflichten nicht ausreichend nachkommen. Sie verlieren Freunde, machen kaum neue Bekanntschaften und verlassen immer seltener ihre Wohnungen. Ihre Gedanken kreisen fast ausschließlich um Pläne, Abläufe, Ordnung, Sauberkeit, usw. Somit herrscht ein schmaler Grad zwischen einer akzentuierten Persönlichkeit, z. B. eines sehr ordentlichen Menschen, und einem krankhaft ausgeprägten Zwangscharakter, dessen Ordnungssinn und Perfektionismus sein gesamtes Leben bestimmen und ihn im Endeffekt unglücklich machen. Die eigentlichen Probleme entstehen also erst aus der Zwanghaftigkeit.

Ein relativ spätes Aufsuchen von professioneller Hilfe ist vielleicht auch auf die weitgehende Unbekanntheit der zwanghaften Persönlichkeitsstörung in der

Bevölkerung zurückzuführen. Viele Betroffene kommen möglicherweise nicht auf den Gedanken, ihr Leiden sei tatsächlich als psychische Störung definierbar, da die Handlungen von den weitaus bekannteren Zwangsstörungen noch weit entfernt scheinen – also sieht man sich auch nicht als krank an.

Wie es zu einer zwanghaften Persönlichkeitsstörung kommt, ist unklar. Es gibt allerdings einige unterschiedliche Erklärungsansätze (siehe Abbildung 1), von denen an dieser Stelle auf drei eingegangen werden soll, die von Fiedler (2001) beschrieben werden.

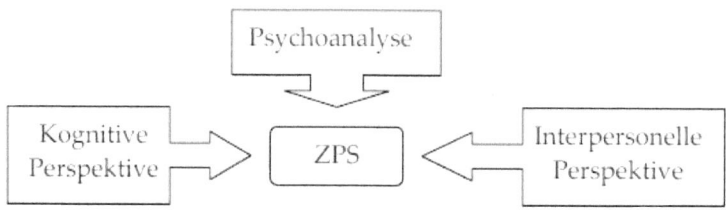

Abbildung 1: Erklärungsansätze zur Entstehung der zwanghaften Persönlichkeitsstörung (ZPS); erstellt v. Verf.

Die Psychoanalyse ging lange Zeit davon aus, dass zwanghafte Charaktereigenarten aus den sogenannten „analen Konflikten" entstehen. Bis in die 60er Jahre hinein galt eine falsche oder zu frühe Sauberkeitserziehung als der Hauptgrund für Zwanghaftigkeit. Dies konnte empirisch allerdings nicht bestätigt werden. Viel auffälliger ist, dass die Eltern betroffener Kinder selbst überzufällig häufig über ähnliche Eigenarten und Symptome verfügten.

Die kognitive Perspektive des Psychoanalytikers Shapiro geht davon aus, dass das Hauptproblem bei der Störung eher eine Intentionsstörung sei – die Betroffenen versuchen sich vor externalen Einflüssen zu schützen und eine scheinbar autonome Handlungsfreiheit aufrecht zu erhalten, die aber sei leider wiederum getrieben von moralischen oder sozial angemessenen Regeln.

Weiterhin gibt es Sullivans interpersonelle Perspektive, die eine grundlegende interaktionelle Unsicherheit oder auch Hilflosigkeit des betroffenen Menschen voraussetzt. Der Wunsch, diese zwischenmenschliche Barriere zu überwinden, bringe die Person dazu, so gut es geht allgemeinen Regeln und Normen zu entsprechen – so könne übertriebene Ordnung usw. entstehen.

Epidemiologie

Nach Fiedler (2001) liegen bisher epidemiologische Studien zu Persönlichkeitsstörungen nur sehr begrenzt vor. Allerdings könne man davon ausgehen, dass Persönlichkeitsstörungen allgemein eine der am häufigsten auftretenden psychischen Krankheiten sind (Dittmann & Stieglitz, 2001). Aufgrund der wenigen Studien und der geringen Stichprobengrößen in den vorhandenen, lassen sich Zahlen nur schätzen. Schwankungen ergeben sich durch die unterschiedlichen Kriterien der Studien, wie Ein- und Ausschlusskriterien hinsichtlich der Krankheitsdefinition oder der Betrachtung von Einzelphasen oder des Gesamtverlaufs der Störung. Die Häufigkeit des Auftretens einer anankastischen Persönlichkeitsstörung liegt unter Berücksichtigung dieser Unterschiede bei etwa 1,7 bis 6,4 % der deutschen Bevölkerung (Engels, 2010). Die Borderline-Störung kommt seltener vor (schätzungsweise 1,1 bis 4,6 % der Bevölkerung), ist aber dennoch in der Bevölkerung viel bekannter, wahrscheinlich aufgrund ihres auffälligeren und bedrohlicheren Erscheinungsbildes.

Die Zwangsstörung

Krankheitsbild, Ätiologie und Diagnosekriterien

Die Zwangsstörung ist eine Krankheit mit sehr hohem Leidensdruck. Sie ist laut ICD-10 gekennzeichnet durch zwei unterschiedlichen Symptomgruppen: Zum einen gibt es die Zwangsgedanken, die aus wiederkehrenden Ideen, Vorstellungen und Impulsen bestehen, die den Betroffenen stereotyp und quälend beschäftigen (Fiedler, 2001). Dies kann z. B. die Vorstellung sein, dass alle Gegenstände mit Bakterien übersät sind. Vor allem bei Kindern drehen diese Vorstellungen sich häufig um Verunreinigung und Kontamination, aber auch um Symmetrie und Genauigkeit (Simons, 2009). Zum anderen gibt es Zwangshandlungen. Dies sind Rituale und Handlungswiederholungen, die meist sinnlos erscheinen. Trotz eines großen Leidensdrucks gelingt es den Betroffenen nicht, die Handlungen zu unterlassen. Beispielsweise fühlen einige Betroffene den Zwang, ständig zählen zu müssen, Lichtschalter wieder und wieder zu betätigen, oder auch sich die Hände wieder und wieder zu waschen. Aus solchen Zwängen können auch körperliche Schädigungen entstehen, z. B. wenn durch das extrem häufige Händewaschen die Haut wund und entzündlich wird.

Es gibt zahlreiche Störungstheorien und Ätiologiemodelle zu Zwangsstörungen. Einzuteilen sind diese in kognitive, lerntheoretische, neuropsychologische und familiäre bzw. soziokulturelle Modelle. Die neuropsychologische oder auch biologische Perspektive ist relativ neu und verweist auf einen genetischen Aspekt (Vererbung) bei der Wahrscheinlichkeit, an einer Zwangsstörung zu erkranken. Zwangserkrankungen treten familiär gehäuft auf, es ist also möglich, dass diese Krankheit erblich ist – das Risiko für Kinder zwangserkrankter Eltern schwankt zwischen 5 und 25 % (Benkert & Lenzen-Schulte, zit. n. Niemierza, 2003). Auch bei getrennt aufwachsenden eineiigen Zwillingen weist ein Zwilling signifikant häufig eine Zwangsstörung auf, wenn sein Zwilling an einer erkrankt ist (Geller, 2006).

An dieser Stelle soll zur Veranschaulichung kurz auf ein lerntheoretisches und ein kognitives Modell eingegangen werden. In erstere Kategorie fällt das lang etablierte Zwei-Faktoren-Modell von Mowrer (1947). Es wurde ursprünglich zur Erklärung von Phobien entwickelt, aber auf Zwänge ausgeweitet. Demnach ist die Entstehung und die Aufrechterhaltung von Zwängen auf einen zweistufigen Lernprozess zurückzuführen, bei welchem durch klassische Konditionierung eine Angstreaktion auf einen normalerweise neutralen Stimulus ausgelöst wird (z. B. Schmutz) (Lakatos & Reinecker, 2007). Dies geschieht normalerweise durch ein traumatisches Erlebnis. Die zweite Stufe des Lernprozesses ist dann die operante Konditionierung: Die Ausführung bestimmter Verhaltensweisen (also die Zwangshandlung) reduziert die Angst, was das Verhalten wiederum negativ verstärkt. Der Realitätsbezug des Modells wird durch den Erfolg des gängigen Therapiemodells der Exposition mit Reaktionsverhinderung bestätigt.

Eine Theorie des kognitiven Erklärungsansatzes ist das kognitiv-behaviorale Modell von Salkovski et al (1988). Es besagt, dass bei Zwängen die Gedanken einen Stimulus-Charakter haben. Sie drängen sich dem Betroffenen *unfreiwillig* auf. Daneben existieren die Zwangshandlungen, die einen Reaktions-Charakter haben und *absichtlich* ausgeführt werden (Lakatos & Reinecker, 2007). Es besteht also eine Reiz-Reaktions-Beziehung zwischen beiden Komponenten und dies sollte der Ausgangspunkt für eine Intervention sein.

Untersuchungen zum Zusammenhang von Zwangsstörungen, Ängsten und Phobien haben gezeigt, dass Ängste eine weniger große Rolle als Steuerungsimpuls für Zwänge spielen als Erregung und Unruhe (Fiedler, 2001).

Epidemiologie

Meist liegt der Krankheitsbeginn einer Zwangsstörung zwischen dem 20. und 25. Lebensjahr, in beinah allen Fällen jedoch vor dem 40. Lebensjahr (Gumpert, 2010). Im Kindes- und Jugendalter liegt der Krankheitsbeginn im Mittel bei 10,4 Jahren, gut dokumentierte Fälle gibt es bereits für dreijährige Kinder. (Simons, 2009). Etwa 2 % der deutschen Bevölkerung sind momentan aufgrund einer Zwangsstörung in Behandlung, unabhängig von der Altersgruppe.

Gemeinsamkeiten und Unterschiede beider Krankheitsbilder

Epidemiologie, Verlauf und Prognose

Sowohl für Zwangsstörungen als auch für zwanghafte Persönlichkeiten gilt: Sobald der Betroffene durch seine Gedanken und Handlungen große Einschränkungen in seinem Leben und einen Leidensdruck erhält, kann man von Krankhaftigkeit sprechen und therapeutische Maßnahmen sind angezeigt. Beide Krankheitsbilder stehen für sich und müssen bei der Diagnostik gegenseitig ausgeschlossen werden, das heißt, eine Zwangsstörung wird in aller Regel nicht diagnostiziert, wenn eine zwanghafte Persönlichkeitsstörung diagnostiziert wurde und umgekehrt. An dieser Stelle sei aber noch erwähnt, dass hier die Meinungen auseinandergehen und z. B. Weitbrecht (1963, in Fiedler, 2001) und Scharfetter (1976, in Fiedler, 2001) für möglich halten, dass Zwangsstörungen das Produkt einer zwanghaften Persönlichkeit sind. Schneider (1923, in Fiedler, 2001) vertritt die Auffassung, dass zwanghafte Persönlichkeiten nur eine Unterform der ängstlich-vermeidenden Persönlichkeitsstörung sind. Im Folgenden werden die Kriterien der ICD-10 als Grundlage verwendet.

Eine zwanghafte Persönlichkeitsstörung kann erst mit dem Eintritt in das Erwachsenenalter diagnostiziert werden, da vorher noch nicht von einer reifen Persönlichkeit ausgegangen wird – sie befindet sich noch zu stark in der Entwicklung. Dagegen können Zwangsstörungen bereits im Alter von 3 Jahren auftreten, obgleich dies selten geschieht. Die Zwangsstörung entwickelt sich meist nicht schleichend aus einer vormals angenehmen Eigenschaft, sondern setzt gleich als auffälliges und behinderndes Merkmal ein.

Der wahrscheinlich größte Unterschied zwischen einer Zwangsstörung und einer zwanghaften Persönlichkeitsstörung liegt wohl in der Sinnlosigkeit und Absurdität der Zwangshandlungen eines zwangsgestörten Menschen im Gegensatz zu den scheinbar sinnvollen und auf den ersten Blick vielleicht sogar bewundernswerten Eigenschaften eines Menschen mit einer zwanghaften Persönlichkeitsstörung. Einem zwanghaften Menschen selbst und auch den Personen in seinem Umfeld ist die Sinnlosigkeit und Krankhaftigkeit seiner Handlungen meist sehr bewusst. Eine Person jedoch, die die meiste Zeit des Tages mit bestimmten Arbeiten wie Aufräumen oder Putzen verbringt und alles andere diesen Tätigkeiten unterordnet, bis sie sich völlig von ihrem Umfeld isoliert hat, wird den Zeitpunkt ihres Übergangs von gesundem zu krankem Verhalten kaum definieren können. Auch sind die Handlungen, die sie tätigt, an und für sich weder unnormal noch auffällig oder sinnlos. Hierbei ist vielmehr die Quantität ausschlaggebend. Trotz der meist positiven Assoziationen mit den grundlegenden Eigenschaften und Handlungen einer zwanghaften Persönlichkeit wird häufig berichtet, dass Betroffene Scham empfinden und soweit wie möglich ihre Eigenartigkeit vor anderen zu verbergen versuchen (Simons, 2009). Von starken Schamgefühlen betroffen sind Patienten mit Zwangsstörungen. Diese stoßen durch die häufige Offensichtlichkeit ihrer Zwangshandlungen natürlich schneller und öfter auf Unverständnis in ihrer Umgebung als Menschen mit zwanghafter Persönlichkeit. Außerdem schämen sie sich oft sehr für ihre aggressiven oder sexuellen Zwangsgedanken, gerade, wenn sie diese jemandem mitteilen sollen (den Eltern, dem Therapeuten, o.ä.).

Eine weitere Gemeinsamkeit stellt die Komorbidität mit depressiven Störungen dar, die durch die soziale Isolation und die große Einschränkung im alltäglichen Leben begründbar sein könnte.

Was den Therapieerfolg und die Prognose angeht, zeigt eine Metastudie von Stewart et al. 2004, dass etwa 40 % der therapeutisch behandelten Patienten mit Zwangsstörungen nach einem bis 15,6 Jahren eine vollständige Remission erreichen, es sind 59 %, wenn man Patienten mit subklinischen Auffälligkeiten mit einbezieht (Simons, 2009). Die Zwangsstörung hat bei Behandlung also recht gute Prognosen. Zwar sind auch hier vollständige Heilungen selten, jedoch kommt es häufig zu einer stabilen Remission. Eine kombinierte Behandlung sowohl mit kognitiver Verhaltenstherapie als auch mit Pharmakotherapie hat gute Erfolge gezeigt, allerdings zeigt auch die VT allein meist sehr gute Ergebnisse. Im Gegensatz dazu ist eine reine Pharmakotherapie meist nicht erfolgreich. (Fiedler, 2001 und Lakatos & Reinecker, 2007).

Was die zwanghafte Persönlichkeitsstörung angeht, gibt es nur sehr dürftige Veröffentlichungen über Therapieerfolge und Prognosen. Es gibt nur für zwei Arten von Persönlichkeitsstörungen echte Langzeitstudien, dies sind die Borderline und die antisoziale Persönlichkeitsstörung (Engels, 2010). Für Persönlichkeitsstörungen allgemein behauptet jedoch Tölle (1986, zitiert nach Engels, 2010), dass ein Drittel der Betroffenen an rezidiven Krisen leide, ein Drittel anhand von Kompromissen das Leben meistere und ein Drittel einen günstigen Verlauf mit teilweise guter Lebensbewältigung nimmt. Dies sind allerdings Zahlen über alle Persönlichkeitsstörungen und erlauben keinen Rückschluss auf die Prognose einer spezifischen Persönlichkeitsstörung wie der zwanghaften Persönlichkeit.

Eine zwanghafte Persönlichkeitsstörung ist also in der Regel nicht vollständig heilbar. Es ist zwar durchaus möglich, dem Patienten zu einem Stadium zu verhelfen, in dem er wieder alltagsfähig wird und es schafft, seine sozialen Kontakte zu pflegen. Allerdings macht es die tiefe Verwurzelung der Störung in der Persönlichkeit schwer, von einer vollständigen Heilung zu sprechen.

Diagnostik von Zwangsstörungen

Wie bereits erwähnt, schließen sich die Diagnose einer Zwangsstörung und einer zwanghaften Persönlichkeitsstörung in aller Regel gegenseitig aus. In beiden Fällen umfasst eine klinisch-psychologische Diagnostik einen psychopathologischen Befund, eine Anamnese und einen testpsychologischen Befund (Simons, 2007). Zur Abklärung von Zwangsstörungen im Kindesalter empfehlen sich das

Breitband- und Screeningverfahren CBCL (Child Behavior Checklist), welches eine Subskala mit acht Items zu Zwangsstörungen beinhaltet und die speziell für die Diagnostik von Zwangsstörungen entwickelte CYBOCS (Children's Yale-Brown Obsessive Compulsive Scale) von Goodman et al. Diese misst Zwangsgedanken, Zeitaufwand, Beeinträchtigung und Leidensdruck und den Grad der Kontrolle über den Zwang. Es wird eine Schweregradzuordnung von einer leichten, mittelgradigen oder schweren Zwangsstörung vorgenommen. Im Erwachsenenalter werden Zwangserkrankungen vorwiegend diagnostiziert mit der Y-BOCS (Yale-Brown Obsessive Compulsive Scale) von Goodman et al., 1989. Außerdem gibt es unter anderem noch das Hamburger Zwangsinventar (HZI) von Zaworka, Hand, Jauernig und Lünenschloß. Dies ist ein Fragebogen zur Erfassung von Zwangsgedanken und Zwangsverhalten. Er ist gut geeignet, um die Diagnostik anhand des Y-BOCS Interviews zu ergänzen (Emmelkamp & van Oppen, 2000).

Weiterhin sollten auch komorbide Störungen erfasst und die Entstehung und der Verlauf der Beschwerden nachverfolgt werden. Hierzu gehören z. B. belastende Lebensereignisse und Konflikte.

Die Probleme, die während der Diagnostik einer Zwangsstörung auftreten können, sind altersunabhängig. Der Diagnostiker sollte sich stets bewusst machen, dass sich viele Zwangspatienten für ihre Zwangsgedanken und Handlungen schämen. Vor allem, wenn es sich um aggressive oder sexuelle Gedanken handelt oder um Rituale, die mit Stuhlgang zu tun haben (Emmelkamp & van Oppen, 2000). Außerdem kann es unter Umständen sehr zeitaufwendig für den Patienten sein, den Fragebogen auszufüllen, wenn er sich vor Ansteckungen oder Schmutz fürchtet, wenn er den Stift oder den Fragebogen anfassen muss. Die Antworten der Zwangspatienten sind meist sehr weitschweifig, da sie nicht recht zwischen wichtigen und unwichtigen Informationen in Bezug auf ihre Erkrankung unterscheiden können.

Diagnostik von Persönlichkeitsstörungen

Die Schwierigkeit bei der Diagnostik von Persönlichkeitsstörungen allgemein ist es, die Kriterien der einzelnen Störungskategorien angemessen in Items umzusetzen (Dittmann, Ermer & Stieglitz, 2001). Es fehlt ein Standard zur Validierung von Persönlichkeitsstörungen, es gibt kein „Außenkriterium", so dass eine externe Validierung einer Persönlichkeitsstörung kaum möglich ist (Bronisch, zit. N. Leibing & Doering, 2006). Eine Validierung neuer Messinstrumente erfolgt über die Überprüfung der konvergenten und diskriminanten Validität.

Es lässt sich heute zwischen zwei Formen der Diagnostik bei Persönlichkeitsstörungen unterscheiden: Auf der einen Seite stehen die Fremdbeurteilungsverfahren, dies sind meist standardisierte Interviews und Checklisten. Auf der anderen Seite stehen die Selbstbeurteilungsverfahren in Form von Fragebögen. Diese weisen allerdings das Problem auf, dass sie nicht ausreichend an die Diagnosesysteme angebunden sind. Hohe Werte auf einzelnen Skalen weisen somit nicht zwangsläufig auf eine Persönlichkeitsstörung hin, was die Fragebögen allein als Diagnoseinstrument nicht empfehlenswert macht (Dittmer, Ermer & Stieglitz, 2001). Außerdem muss auch hier, wie bei allen psychologischen Fragebögen, auf die Störfaktoren geachtet werden, die von der Person ausgehen (soziale Erwünschtheit usw.). Genau wie bei Zwangspatienten, wenn auch nicht in derselben Ausprägung, kann auch bei Patienten mit zwanghafter Persönlichkeitsstörung eine Scham vor der eigenen Störung bestehen. Mit Selbstbeurteilungsinstrumenten läuft man als Diagnostiker also Gefahr, selbstwertdienliche Antworten zu provozieren.

Die Frage zu klären, welche Instrumente am besten geeignet sind, um eine zwanghafte Persönlichkeitsstörung zu diagnostizieren, würde im Rahmen dieser Arbeit zu weit führen. Daher folgen an dieser Stelle einige Beispiele für standardisierte Interviews auf Basis der DSM-Kriterien:

- Strukturiertes Klinisches Interview für DSM-IV Achse II: Persönlichkeitsstörungen (SKID-II) (Fydrich et al., 1997)

- Diagnostic Interview for Personality Disorders (DIPD) (Zanarini et al., zit. n. Fiedler, 2001).

- Personality Disorder Examination (PDE) (Loranger et al., zit. n. Fiedler, 2001).

- International Personality Disorder Examination (IPDE) (Loranger et al., 1996).

Diese Interviews können mit Screeningverfahren und Checklisten ergänzt werden. Laut Fiedler (2001) ist ein erfahrener Diagnostiker in der Lage, anhand von Checklisten eine sehr zuverlässige Bestimmung von Persönlichkeitsstörungen zu erreichen. Solche Screenings und Checklisten sind beispielsweise

- Internationale Diagnosen Checkliste für die DSM-IV / ICD-10 Persönlichkeitsstörungen (IDCL-P) (Bronisch et al., zit. n. Fiedler, 2001).

- ICD-10 Merkmalsliste (ICDML) (Dittmann et al., zit. n. Fiedler, 2001).

- Aachener integrierte Merkmalsliste zur Erfassung von Persönlichkeitsstörungen (AMPS) (Saß et al., zit. n. Fiedler, 2001).

- Iowa Personality Disorder Screen (IPDS) (Langbehn et al., zit. n. Fiedler, 2001).

Folgende Selbstbeurteilungsinstrumente (Fragebögen) finden Anwendung in der Praxis:

- Personality Disorder Questionnaire (PDQ [-R]) (Hyler at al., zit. n. Fiedler, 2001).

- Persönlichkeits-Stil und Störungsinventar (PSSI) (Kuhl & Kázen, 1997).

- Schedule for Normal and Abnormal Personality (SNAP) (Clark, zit. n. Fiedler, 2001).

- MMPI Scales for DSM-III Personality Disorders (MMPI-PD) (Morey et al., zit. n. Fiedler, 2001).
- Millon Clinical Multiaxial Inventory – III (MCMI-III) (Millon et al., zit. n. Clark & Harrison, 2001).
- Coolidge Axis II Inventory (CATI) (Coolidge & Mervin, zit. n. Clark & Harrison, 2001).

Therapie einer Zwangsstörung

Jahrzehntelang galten Zwänge als unbehandelbar. In den 60er Jahren jedoch kam die Technik der Exposition und Reaktionsverhinderung auf und brachte den Fortschritt (Lakatos & Reinecker, 2007). Bis heute wurde deren Wirksamkeit in vielen Studien klar belegt und zwar für jede Art von Zwang.

Was die Pharmakotherapie angeht, sprechen Zwänge interessanterweise nur auf Antidepressiva aus der Gruppe der Serotonin-Wiederaufnahmehemmer an und nicht auf Anxiolytika, wie man vermuten könnte. Die medikamentöse Behandlung empfiehlt sich außerdem, wie bereits an früherer Stelle erwähnt, nur in Kombination mit einer Verhaltenstherapie. Im Zweifel zeigt eine reine Verhaltenstherapie bessere Erfolge, als eine kombinierte Therapie (Lakatos & Reinecker, 2007).

Als Therapiebeispiel folgt nun eine kurze Beschreibung der kognitiven Verhaltenstherapie bei Zwangserkrankungen von Lakatos & Reinecker. Diese hat sich in den letzten Jahren als wirksam erwiesen und wurde bereits mehrfach evaluiert. Tabelle 1 zeigt einen Überblick über die verschiedenen Schritte innerhalb der Therapie.

Tabelle 1: Therapieschritte der kognitiven Verhaltenstherapie (erst. v. Verf.)

Therapieschritt	Inhalt
Beziehungsgestaltung	- Kontaktaufnahme & Beziehungsgestaltung
Motivations- und Zielklärung	- Motivationale Ausgangslage & Ziele werden geklärt
Problembezogene Informationserfassung und Verhaltensanalyse	- Klinisches Interview & Fragebögen - Verhaltensbeobachtung & -Analyse - Diagnostik der familiären Eingebundenheit der Zwänge
Zwänge unter funktionaler Perspektive	- Intrapsychische & Interpersonelle Funktionalität
Durchführung spezieller Techniken	- Verschiebung der Problemdefinition (Weg vom Inhalt der befürchteten Konsequenz, hin zur Überzeugung, einen unsinnigen Gedanken und Angst zu haben) - Vermittlung eines plausiblen Erklärungsmodells - Exposition mit Reaktionsverhinderung - Kognitive Umstrukturierung - Zusätzliche Techniken gegen Zwangsgedanken (z. B. Demonstration des paradoxen Effekts der Gedankenunterdrückung) - Emotionsfokussierung (sprachlicher Ausdruck von Emotionen) - Veränderung der Selbst- und Weltsicht
Stabilisierung der Erfolge	- Rückfallprophylaxe

Tabelle 1 soll lediglich einen Eindruck des Aufbaus der Therapie vermitteln. Eine ausführlichere Darstellung würde den Rahmen dieser Hausarbeit überschreiten. Da allerdings der Punkt der „Durchführung spezieller Techniken" besonders interessant für das Verstehen des Unterschiedes der Therapien von zwanghafter Persönlichkeit und Zwangsstörung ist, sollen an dieser Stelle einige Beispiele dafür genannt werden.

Der Dreh- und Angelpunkt einer Zwangsstörung sind die Zwangsgedanken und -handlungen. Diese zum Abklingen zu bringen, ist das Hauptanliegen der Therapie. Da wären beispielsweise die so genannten „katastrophisierenden Fehlbewertungen" eines Patienten in Form bestimmter Gedanken:

- „Ich darf so etwas nicht denken, sonst passiert es auch/sonst tue ich es auch.
- Ich bin nicht normal, ich werde verrückt.
- Ich verliere die Kontrolle über meine Gedanken und das heißt evtl. auch über mich.
- Solche Gedanken zeigen, dass ich gefährlich bin.

Es ist besonders wichtig, die subjektive Bedeutung zu reduzieren, die diese aufdringlichen Gedanken für die Klientinnen haben (Lakatos & Reinecker, 2007). Es muss klar werden, dass diese Gedanken nicht der Wahrheit entsprechen. Dies lässt sich glücklicherweise oft relativ einfach bewerkstelligen, indem Gedanken ausgesprochen oder absichtlich gedacht werden und dann das Ausbleiben des Unglücks thematisiert wird.

Ein anderes Beispiel sind Schuldgefühle. Sie haben einen großen Stellenwert innerhalb der emotionsfokussierenden Arbeit, denn sie stehen in vielen Fällen in unmittelbarer Beziehung zu der Zwangsstörung, z. B. der Kontrollzwang beim Autofahren: *„Wenn ich ein Kind überfahren hätte, könnte ich mit dieser Schuld nicht mehr weiterleben... "*. Was bei Schuldgefühlen häufig hilft, ist eine Umwälzung der Perspektiven. Hierzu gehört auch die Analyse der Selbstwirksamkeitserwartung und der Macht, die man anderen Menschen zuschreibt.

Therapie einer zwanghaften Persönlichkeitsstörung

Zwar gilt die Behandlung von zwanghaften Persönlichkeitsstörungen als schwierig, jedoch zeigen die Patienten oft eine hohe Bereitschaft, die Behandlung erfolgreich abschließen zu wollen. Ihr Durchhaltevermögen, welches ebenfalls Teil ihrer auffälligen Persönlichkeit ist, zeigt sich als prospektiv günstig in Langzeittherapien (Gumpert, 2010). Insgesamt kann man nicht erwarten, dass eine Therapie bei anankastischen Persönlichkeiten eine grundlegende Veränderung des persönlichen Stils erwirkt. Sorgfalt und Gewissenhaftigkeit, also die positiven Seiten dieses Stils, haben in westlichen Kulturen eine zu große Wertigkeit und gelten als gelungene Anpassungsleistung. Eher effektiv ist ein Konflikt-Management, vor allem wegen der Beziehungsprobleme der Patienten. Ein spezielles Therapiemodell für die Behandlung der anankastischen Persönlichkeitsstörung gibt es nicht, allerdings bietet Fiedler (2000) einen differenzierten Überblick über die Therapiekonzepte, die zur Behandlung von Patienten mit Persönlichkeitsstörungen entwickelt worden sind. Das sind vor allem die Weiterentwicklungen der traditionellen Therapieschulen:

Tabelle 2: Therapiekonzepte bei Persönlichkeitsstörungen (erst. v. Verf.)

Therapiekonzept	Therapeutische Strategie
Die Psychoanalyse	- *Fokaltherapie*: Basiert auf der Objektbeziehungspsychologie. Strebt die Einsicht in die Mitverantwortlichkeit der Patienten an
Die Gesprächspsychotherapie	- Positive Wertschätzung - Die Beziehung zwischen Therapeut und Patient birgt Änderungspotential
Die interpersonelle Psychotherapie	- Aktuelle Schwierigkeiten werden als Wiederholung früherer Interaktionsmuster und Konfliktsituationen aufgefasst - Analyse maladaptiver Interaktionsmuster
Die Verhaltenstherapie	- Erfassung von Interaktionsdefiziten mit Auslösern und Routinen - Aufbau sozialer Kompetenz
Die kognitive Therapie	- Erfassung kognitiver Schemata wie Beziehungserwartungen, Selbstkonzept - Aufdecken von dysfunktionalen kognitiven Bewertungen

Aufgrund der ungenügenden bis fehlenden speziellen Therapiemodelle für die einzelnen Störungen empfehlen Verhaltenstherapeuten ein stark hypothesengeleitetes, am Einzelfall orientiertes Vorgehen (Turkat, 1990, zit. n. Ritz-Schulte, 2001).

Als konkretes Beispiel für eine Therapie bei Persönlichkeitsstörungen bietet sich die Psychotherapie dysfunktionaler Interaktionsstile nach Sachse (1997) an. Es basiert auf dem Konzept der Zielorientierten Gesprächspsychotherapie (ZGT), welche eine Weiterentwicklung der Gesprächspsychotherapie ist. Die ZGT ist eine klärungsorientierte Therapie. D. h., die Klärung internaler Problemdeterminanten steht im Mittelpunkt. Solche sind beispielsweise die situativen und überdauernden Verarbeitungsstrukturen einer Person oder auch ihre Überzeugungen, Werte, Motive, etc (Sachse, 1997). Der Patient soll also Eigenanteile an seinem Problem erkennen und so Schritt für Schritt das Problem definieren. Ohne ein definiertes Problem sieht Sachse keinen Weg zur Lösung. Dies stellt allerdings bei vorhandener Ich-Syntonie ein besonderes Problem dar.

Im weiteren Therapieverlauf sollen dann die Ziele und Motive des Patienten explizit bezeichnet werden. Dabei geht es nicht so sehr um die Gedanken und Gefühle selbst, sondern um deren Bedeutung für den Patienten (Beispiel Prüfungsangst: Nicht die Angst an sich ist entscheidend, sondern der Grund für die Angst).

Zusammenfassung und Ausblick

In dieser Arbeit soll deutlich werden, dass es sich bei der Zwangsstörung und der zwanghaften Persönlichkeitsstörung um zwei völlig unterschiedliche Krankheitsbilder handelt, die weit weniger gemeinsam haben, als man denken könnte. Allein der Umstand, dass es sich bei letzterer um eine Persönlichkeitsstörung handelt, impliziert bereits eine Reihe von Besonderheiten. Sowohl in der Pathogenese, als auch in Verlauf, Diagnostik und Therapie zeigen beide Störungen unterschiedlichste Wege auf.

Schon allein aufgrund ihrer relativ großen Verbreitung in der Bevölkerung (ca. 1,7 – 6,4 %) wäre es angemessen, der zwanghaften Persönlichkeitsstörung größere Aufmerksamkeit zu schenken und ihren allgemeinen Bekanntheitsgrad zu erhöhen. Betroffene suchen recht spät professionelle Hilfe auf, denn sie verstehen lange Zeit nicht, dass es eine behandelbare psychische Störung ist, die ihre Probleme auslöst und schämen sich.

Jedoch nicht nur die Aufklärung, sondern auch das Therapieangebot speziell für diese Persönlichkeitsstörung ist verbesserungswürdig. Psychotherapeuten sollten stets so spezialisierte und standardisierte Behandlungsmöglichkeiten an die Hand bekommen, wie möglich. Möglicherweise würden sich die Behandlungserfolge auf diese Weise vergrößern.

Literaturverzeichnis

Clark, L. A. & Harrison, J. A. (2001): Assessment Instruments. In: Livesley (Hrsg.): Handbook of personality disorders: Theory, research, and treatment. The Guilford Press, New York

Dittmann, V., Ermer, A., & Stieglitz, R.-D. (2001): Diagnostik von Persönlichkeitsstörungen. In: Stieglitz, R.-D., Baumann, U. & Freyberger, H. (Hrsg.): Psychodiagnostik in Klinischer Psychologie, Psychiatrie, Psychotherapie. Georg Thieme Verlag, Stuttgar

Emmelkamp, P. & van Oppen, P. (2000): Zwangsstörungen. Hogrefe, Göttingen

Engels, F. (Februar 2010): Psychiatriegespräch. Zugriff am 23.09.2010. http://www.psychiatriegespraech.de/psychische_krankheiten/persoenlichkeits_st oerungen/persoenlichkeitsstoerungen_therapie.php

Fiedler, P. (2000): Integrative Psychotherapie bei Persönlichkeitsstörungen. Hogrefe, Göttingen

Fiedler, P. (2001): Persönlichkeitsstörungen. BeltzPVU, Weinheim

Fydrich, T., Renneberg, B., Schmitz, B. & Wittchen, H.-U. (1997): SKID-II. Strukturiertes Klinisches Interview für DSM-IV. Achse-II: Persönlichkeitsstörungen. Interviewheft. Hogrefe, Göttingen

Geller, D. (2006): Obsessive-compulsive and spectrum disorders in children and adolescents. Psychiatric Clinics of North America, 29, 353 - 370

Gumpert, N. (2010): Psychiatrie. Zugriff am 27.09.2010. http://www.drgumpert.de/html/zwangsstoerung.html#c17482

Kuhl, J. & Kázen, M. (1997): Persönlichkeits- Stil und Störungs- Inventar (PSSI). Handanweisung. Hogrefe, Göttingen

Lakatos, A. & Reinecker, H. (2007): Kognitive Verhaltenstherapie bei Zwangsstörungen. Hogrefe, Göttingen

Leibing, E. & Doering, S. (2006): Diagnostik von Persönlichkeitsstörungen. Psychotherapeut, 51, S. 229 – 244

Loranger, A. (1996): IPDE: International Personality Disorder Examination: ICD-10 Modul / von A.W. Loranger. Dt.-sprachige Ausgabe von W. Mombour, M. Zaudig, P. Berger, K. Gutierrez,, W. Berner, K. Berger, M. v. Cranach, O. Giglhuber, M. v. Bose. Weltgesundheitsorganisation. Huber, Bern.

Niemierza, N. (2003): (Hausarbeit) Angst- und Zwangserkrankungen – Entstehungsbedingungen, Folgen und Interventionsmöglichkeiten. Universität Hildesheim. Signatur: ERZ 045 : C08 – 270

Ritz-Schulte, G. (2001): Funktionsanalytische Therapieplanung bei Persönlichkeitsstörungen: Prblembearbeitung und Beziehungsgestaltung. Dissertation, Universität Osnabrück.

Sachse, R. (1997): Persönlichkeitsstörungen. Psychotherapie dysfunktionaler Interaktionsstile. Hogrefe, Göttingen

Simons, M. (2009): Zwangsstörungen. In: Schneider & Margraf (2009): Lehrbuch der Verhaltenstherapie. Band 3 Störungen im Kindes- und Jugendalter. Springer, Berlin

WHO (2005): Internationale Klassifikation psychischer Störungen. ICD-10 Kapitel V (F). Hans Huber, Göttingen

Die Zwangsstörung - Eine psychische Erkrankung von
Sascha Krüger
2011

Einleitung

Ich bin fest davon überzeugt, dass jeden schon einmal der Gedanke ereilt hat, irgendetwas vergessen zu haben. „Habe ich den Herd ausgemacht?" Außerdem glaube ich auch, dass jeder mindestens einmal auch schon nachgesehen hat, ob beispielsweise der Herd denn auch wirklich aus ist. Diese schon scheinbar routinemäßigen Gedanken oder kurzen Kontrollen machen noch lange keine psychische Störung wie eine Zwangsstörungen bzw. Zwangserkrankung aus.

Aber diese banalen und einfachen Fragen, die sich wahrscheinlich jeder schon einmal gestellt hat, sind Hauptbestandteile einer Zwangserkrankung. Schon ein wenig erschreckend wirkt es wie nahe das in gewisser Form zusammenhängt. Genau dieser Grund machte mich sehr neugierig, mehr über Zwangsstörungen, Zwangsgedanken und Zwangshandlungen zu erfahren. Ich finde es außerdem sehr spannend, dass einfache Fragen in Verbindung mit verschiedenen Komponenten Ängste und Störungen hervorrufen können und diese dann wiederum den Tag so strukturieren, dass ein normales Alltagsleben kaum zu bewältigen ist. Das gab mir die Motivation mehr über das Thema zu erfahren.

Ich möchte mir in meiner Arbeit zunächst eine Definition einer Zwangsstörung vornehmen und erläutern, was international als Zwangsstörung anerkannt wird. Hierzu werde ich in zwei Unterpunkten genau auf Zwangsgedanken und Zwangshandlungen eingehen. Wie diese Begriffe zu verstehen sind und in welchem Zusammenhang sie stehen, werde ich im Einzelnen im zweiten Punkt meiner Arbeit erläutern.

Anschließend werde ich verschiedene Ursachen einer Zwangsstörung erklären. In einem weiteren Unterpunkt möchte ich dann auf verschiedene Formen einer Zwangsstörung eingehen.

Des Weiteren möchte ich allgemeine Behandlungsmethoden einer Zwangserkrankung aufzeigen. Eine individuelle Krankheitsgeschichte bzw.

Krankheitsverlauf einer Zwangserkrankung werde ich hier in einem weiteren Unterpunkt darlegen. Dabei möchte ich, auf die Probleme mit denen die Betroffenen beispielsweise in zwischenmenschlichen Beziehungen zu kämpfen haben, eingehen. Auch auf die Stigmatisierung der restlichen Gesellschaft möchte ich eingehen und auch die Seite der Personen im nahen Umfeld des Betroffenen darstellen.

Zum Ende meiner Arbeit werde ich dann mit einer kurzen Zusammenfassung und einem Fazit schließen.

Definition einer Zwangsstörung

Ich werde in diesem Punkt die international anerkannte Definition von Zwangserkrankungen erläutern und einen kurzen Überblick verschaffen, was man unter Zwangsstörungen versteht. Anschließend werde ich Zwangsgedanken und Zwangshandlungen mit ihren Folgen erläutern.

Die Weltgesundheitsorganisation (WHO) gibt im jährlichen Intervall einen Bericht heraus. Es handelt sich um den „International Statistical Classification of Diseases and Realted Health Problems" (ICD-10) zu deutsch „Internationale statistische Klassifikation der Krankheiten und verwandter Gesundheitsprobleme".

In diesem Bericht findet man Zwangsstörungen in der Kategorie F4, diese umfasst sowohl Neurotische-, Belastungs- als auch somatoforme Störungen. In der Unterkategorie F42 findet man nun die Zwangsstörungen.[1]

Sie wird dort wie folgt beschrieben:

„Wesentliche Kennzeichen sind wiederkehrende Zwangsgedanken und Zwangshandlungen. Zwangsgedanken sind Ideen, Vorstellungen oder Impulse, die den Patienten immer wieder stereotyp beschäftigen. Sie sind fast immer quälend, der Patient versucht häufig erfolglos, Widerstand zu leisten. (…)Zwangshandlungen oder -rituale sind Stereotypien, die ständig wiederholt werden. (…) Der Patient erlebt sie oft als Vorbeugung gegen ein objektiv unwahrscheinliches Ereignis, das ihm Schaden bringen oder bei dem er selbst Unheil anrichten könnte. Im allgemeinen(!) wird dieses Verhalten als sinnlos und ineffektiv erlebt(…)Werden Zwangshandlungen unterdrückt, verstärkt sich die Angst deutlich."[2]

Wie im WHO Bericht beschrieben, sind die primären Merkmale einer Zwangsstörung, Zwangsgedanken und Zwangshandlungen. Diese werde ich später näher

---

[1] Vgl. Deutsches Institut für Medizinische Dokumentation und Information (2011)

[2] Ebd.

beschreiben. Wenn diese Gedanken und Handlungen den Tagesablauf einer Person, durch den hohen Zeitaufwand der Zwänge, dermaßen beeinträchtigen und die Gedanken und Handlungen wiederholt auftreten, spricht man von Zwangsstörungen. Die Betroffenen sind durch die Zwänge so eingeschränkt, dass jegliche sozialen Kontakte sowie berufliche Aktivitäten nicht mehr bestehen können. Im Bericht der WHO müssen die Zwangsgedanken und Zwangshandlungen mindestens in einen Zeitraum von zwei Wochen fortwehrend bestehen.[3]

Der nicht zwangserkrankte Mensch wird in der modernen Psychologie als ein Geschöpf angesehen, dass Informationen über seine Umwelt aktiv sammelt. Anschließend werden sie nach bestimmten Punkten geordnet und letztendlich auch bewertet. Schließlich folgen aus den Informationen Handlungspläne die dann in Taten umgesetzt werden. Somit kann der nicht zwangserkrankte Mensch seine Lebensziele erreichen.[4]

Wenn ein Mensch unter Zwangsstörungen leidet, dann findet diese Informationsverarbeitung meist erschwerend statt. Solche Menschen bekommen eine unermessliche Fülle von Informationen, ihrer Sinnesorgane können diese nicht verarbeiten. Diese Informationen kann er nicht alle verwerten, sondern muss diese in eine geeignete Ordnung bringen. Dadurch werden auch falsche Entscheidungen getroffen und die Betroffenen verlieren sich in Details oder setzen falsche Prioritäten.

„Ein Fußgänger, der eine verkehrsreiche Straße überqueren will, wird versuchen, die Entfernung und Geschwindigkeit der fahrenden Autos einzuschätzen. Für die Entscheidung (…) sind weder die Farben der Autos noch die Nummernschilder wichtig."[5]

---

[3] Vgl. Hoffmann, Barnow, Grabe. (2008): Von Angst bis Zwang, S.62

[4] Vgl. Hoffmann. (1990): Wenn Zwänge das Leben einengen, S.10f.

[5] Hoffmann. (1990): Wenn Zwänge das Leben einengen, S.11

Die Konzentrationsfähigkeit zwanghafter Menschen ist extrem hoch. Dies kann aber auch eine starker Nachteil sein, denn starke Konzentration setzt auch immer eine erhöhte Anspannung voraus. Folglich kann der zwanghafte Mensch kaum viele Dinge gleichzeitig machen. Er ist in jeder Situation leicht ablenkbar und geht nur sehr selten an Neues bzw. Unbekanntes heran. Er hat meist große Angst vor Entscheidungen, denn er verbindet mit diesen Entscheidungen meist Leben und Tod. Er kann weder Risiken eingehen noch kann er in gewissen Situationen spontan handeln.[6]

In der Psychologie unterscheidet man zwischen drei Arten von Zwangserscheinungen:

An erster Stelle stehen Menschen mit harmlosen Ereignissen, die in ihrem täglichen Leben vorkommen. Sie werden dadurch aber nicht bzw. kaum behindert und können ihren Alltag geregelt gestalten.

Die zweite Art der Zwangserscheinungen nennt sich die >zwanghafte Persönlichkeit<. Die dritte und letzte Art sind die Zwangsstörungen, die deutlich die Norm überschreiten und ein normales, geregeltes Leben ausweglos erscheinen lassen. Zwangsstörungen können das Leben des Betroffenen völlig beherrschen.[7]

Zwangsgedanken

Für eine anerkannte Definition von Zwangsgedanken orientiere ich mich ein weiteres Mal an dem Bericht der WHO. Zwangsgedanken werden unter F42.0 wie folgt definiert.

„Diese können die Form von zwanghaften Ideen, bildhaften Vorstellungen oder Zwangsimpulsen annehmen, die fast immer für die betreffende Person quälend

---

[6] Vgl. ebd. S.11ff.

[7] Vgl. Hoffmann. (1990): Wenn Zwänge das Leben einengen, S.10

sind. Manchmal sind diese Ideen eine endlose Überlegung unwägbarer Alternativen, häufig verbunden mit der Unfähigkeit, einfache, aber notwendige Entscheidungen des täglichen Lebens zu treffen."[8]

Ein weiterer wichtiger Punkt bei Zwangsgedanken sind die sogenannten Grübelzwänge. Diese sind immer wiederkehrende Gedankenketten, die zu keinem Ergebnis führen. Sie verlaufen so zu sagen im Kreis. Wiederholte Fragen, wie beispielsweise die Sauberkeit des Bodens, stellt sich der Betroffene immer wieder selbst und grübelt, ob es denn auch wirklich, wie bei diesem Beispiel, sauber ist.[9]

Die Wechselwirkung oder auch Beziehung von Depression und den o.g. Grübelzwängen sind sehr eng. Denn bei manchen Depressionen können auch Grübelzwänge entstehen. Wobei der Betroffene in diesem Fall dann keineswegs an einer Zwangsstörung leidet, sondern an einer Depression. Die Diagnose Zwangsstörung sollte nur dann erfolgen, wenn der sog. Grübelzwang sich nicht über eine depressive Phase erstreckt oder andauert.[10]

Es gibt eine Reihe von typischen Zwangsgedanken. Hier werde ich nun einen kleinen Überblick über die häufigsten Zwangsgedanken von Betroffenen geben.

Zunächst beginne ich mit dem Zwangsgedanken der Verschmutzung und Kontaminierung. Betroffen klagen über die ständige Angst sich mit Schmutz, Keimen oder Krankheiten zu infizieren. Diese Gedanken kreisen auch um aktuelle Themen unserer Zeit, wie beispielsweise die Ansteckung einer HIV-Infektion oder die Verseuchung des eigenen Körpers mit atomarer Strahlung.

---

[8] Vgl. Deutsches Institut für Medizinische Dokumentation und Information (2011)

[9] Vgl. Hoffmann. (1990): Wenn Zwänge das Leben einengen, S.46

[10] Vgl. Deutsches Institut für Medizinische Dokumentation und Information (2011)

Andere Zwangsgedanken sind auf die eigene Schuld oder Verantwortung bezogen. Sie kreisen meist immer um Gedanken andere Menschen oder sogar Lebewesen zu verletzen oder gar zu töten. Andere Betroffene denken wie sie am besten zukünftige Katastrophen oder Unglücke verhindern können.

Aggressionen oder sexuelle Vorstellungen können auch Inhalte der Zwangsgedanken sein. Betroffene befürchten bei Aggressionen die Kontrolle über sich selbst zu verlieren. Womit dann aggressive oder peinliche Reaktionen plötzlich hervorgerufen werden und diese nicht mehr selbst beherrschen werden können. Viele Betroffene haben Angst, in der Öffentlichkeit Obszönitäten preis zu geben oder beispielsweise das eigene Kind mit dem Messer zu bedrohen.

Hinter den o.g. Zwangsgedanken steckt eine große Angst seitens des Betroffenen, iese hegen auch den Drang die Zwangsgedanken abzustreifen und sie unwirksam zu machen.[11]

Zwangshandlungen

Fast alle Zwangshandlungen basieren auf den genannten Zwangsgedanken. Sie sind die Folge resultierender Zwangsgedanken.

„Die meisten Zwangshandlungen beziehen sich auf (…), wiederholte Kontrollen, die garantieren, dass sich eine möglicherweise gefährliche Situation nicht entwickeln kann (…). Diesem Verhalten liegt die Furcht vor einer Gefahr zugrunde, die den Patienten bedroht oder von ihm ausgeht; das Ritual ist ein wirkungsloser oder symbolischer Versuch, diese Gefahr abzuwenden."[12]

Viele Zwangshandlungen erfolgen nach einem bestimmten Schema. Sie sind meist ritualisiert und werden nach selbstdefinierten Regeln befolgt. Zwischen den Handlungen und dem Bewirken dieser, herrscht keine nachvollziehbare,

---

[11] Vgl. Hoffmann, Barnow, Grabe. (2008): Von Angst bis Zwang, S.63f.

[12] Vgl. Deutsches Institut für Medizinische Dokumentation und Information (2011)

realistische Beziehung. Sollte dies doch der Fall sein, dann wird die Zwangshandlung für gewöhnlich sehr überzogen ausgeführt. Dem Betroffenen ist häufig die Unsinnigkeit seiner Handlugen bewusst, kann diese aber nicht abstellen, weil er sich dazu gedrängt fühlt. Sollte er eine Handlung nicht nach seinem Schema ausführen können, erwartet der Betroffene meist die schlimmste Konsequenz daraus. Derartige Zwangshandlungen benötigen viel Zeit und beeinträchtigen somit auch den Ablauf des täglichen Lebens. Unter diesem Aspekt leidet auch das Berufsleben erheblich unter den Zwangshandlungen, denn wie man sich vorstellen kann ist ein geregelter Arbeitstag mit den wiederkehrenden zwanghaften Handlungen nicht zu bewältigen.[13]

„Verbreitete Zwangshandlungen sind Waschen und Putzen, Kontrollieren, Zählen, das Wiederholen von Handlungen, das Ordnen oder Sammeln von Gegenständen und andauerndes Erbitten von Bestätigungen (…) von anderen Personen."[14]

Viele Betroffenen erreichen ihr Ziel der Sicherheit durch die o.g. Rituale oder Handlungen. Mit der Zeit erfolgen immer mehr Rituale und Handlungen, um das Gefühl der Sicherheit erneut zu erreichen. Ein Teufelskreis beginnt, damit sich der Betroffene beruhigen kann folgen Rituale. Die Zwänge werden immer stärker und es folgen erneut Rituale bis letztendlich der Lebensalltag stark beeinträchtigt wird. In Fachkreisen wird hier von der >>Generalisierung<< von Zwängen gesprochen.[15]

---

[13] Vgl. Hoffmann, Barnow, Grabe. (2008): Von Angst bis Zwang, S.62f.

[14] Hoffmann, Barnow, Grabe. (2008): Von Angst bis Zwang, S.62f.

[15] Vgl. ebd. S.65

Ursachen einer Zwangsstörung

Bis heute gibt es keine genaue Erklärung über die Entstehung von Zwangsstörungen bzw. Zwangskrankheiten. Es gibt hierzu mehrere Schulen, die bei der Bestimmung der Ursachen mitwirken. Man kann jedoch eine Übereinstimmung feststellen und zwar, dass verschiedene individuelle Ausprägungen von Patienten mit den unterschiedlichsten Einflussfaktoren von außen zusammenwirken. Diese führen dann zur Bildung einer Zwangsstörungen bzw. Zwangserkrankung.[16]

Ich werde im folgenden Teil mehrere bekannte Schulen über die Erkenntnis von Zwangsstörungen der Psychologie vorstellen.

Die Ursachen der Zwangsstörungen sind teils genetisch bedingt. Es besteht ebenfalls auch eine genetische Verknüpfung zu anderen Störungen, beispielsweise Depressionen, Tourettestörungen und Agoraphobie. Eine Ansicht ist somit die genetische Vererbung von Zwangserkrankungen. „wenn bei eineiigen Zwillingen einer der beiden Zwangssymptome hat, ist wahrscheinlich auch der andere betroffen, und zwar auch dann, wenn die beiden getrennt aufgewachsen sind."[17] Zwangssymptome, Zwangshandlungen und Zwangsgedanken treten in der Regel der Fälle erst im späten Jugend- oder frühen Erwachsenenalter auf. Die Betroffenen stehen dann meist unter besonderer Belastung und erkranken bis zum 25. Lebensjahr. Die Folgen einer Verletzung oder einer Krankheit führen fast nie zu einer Zwangsstörung.[18]

Die neurobiologische Sichtweise liefert Hinweise auf eine Veränderung der Impulsübertragung im Gehirn. Mehrere Untersuchungen und Forschungsergebnisse belegen, dass Betroffene auf Medikamente die den Serotoninspiegel im Hirn

---

[16] Vgl. ebd.; S.66

[17] Lear. (1993): Alles unter Kontrolle, S.23

[18] Vgl. ebd. S.23f.

beeinflussen mit einer Reduzierung der Zwangssymptome reagieren. Es handelt sich bei Serotonin um einen Stoff im Gehirn, der es dem Nervensystem gestattet etliche Informationen auszutauschen. Andere neuronale Studien zeigen, dass bei manchen Patienten durchaus in Regionen des Gehirns eine Überfunktion stattfindet. Diese Überfunktion wird dadurch begründet, dass einige Betroffene Probleme haben, von begonnenen Handlungs- und Denkabläufen ihre Aufmerksamkeit abzuwenden.[19]

Die behavioristische Sichtweise versteht die Zwangsstörung als Konditionierung des Gehirns. Es handelt sich hierbei auch um den klassischen psychologischen Ansatz. Hier findet ein Lernprozess in zwei Phasen statt. Eine unbestimmte Situation wird mit einer unerträglichen, gefühlsbetonten Situation verknüpft und löst dann eine unerträgliche, gefühlsbetonte Reaktion aus. In der zweiten Phase festigt der Betroffene sein Verhalten. Wenn der Patient nun die unangenehme Situation umgeht, nimmt er diesen Schritt als erfolgreich war. Das Neutralisierungs- und Vermeidungsverhalten wird nun vom Betroffenen öfter gezeigt, er nimmt nicht die Gelegenheit wahr, sein Verhalten zu berichtigen, sondern zeigt immer mehr Verhaltensweisen, die zur Vermeidung führen.[20]

Beispielsweise „wird eine ursprünglich neutrale Situation (z.B. das Berühren von Geldscheinen) mit einer belastenden, unangenehmen Situation (z.B. ein heftiger Streit mit dem Partner über finanzielle Angelegenheiten) assoziiert und löst (…) (Anspannung, Angst) aus. (…) Verhaltensweisen, die dazu führen, die unangenehme Situation (nun bereits das Berühren von Geld) umgehen zu können (z.B. durch das Tragen von Handschuhen) (…), werden als erfolgreich erlebt."[21]

---

[19] Vgl. Hoffmann, Barnow, Grabe. (2008): Von Angst bis Zwang, S.66

[20] Vgl. ebd. S.67

[21] Hoffmann, Barnow, Grabe. (2008): Von Angst bis Zwang, S.67

Einflüsse, die von der Gesellschaft, Familie oder von der eigenen religiösen Seite auf den Menschen wirken, können auch bei der Entstehung von Zwangserkrankungen eine bedeutende Rolle spielen. Einflüsse aus diesen Bereichen generieren im Menschen ein eigenes Werte-, Normen- und Einstellungssystem. Ein Kind, das von seiner Mutter zu übermäßiger Ordnung und Sauberkeit erzogen wurde, kann dies als ein übersteigerndes Verantwortungsgefühl und als aufdringlichen Gedanken wahrnehmen. Die Folge aus den Gefühlen und Gedanken kann für das Kind bedrohlich wirken. Viele Zwangsgedanken und Zwangshandlungen befassen sich mit Themen aus unseren alltäglichen Leben.[22]

„Mögliche Eigenschaften und Denkmuster, welche die Entstehung der Krankheit begünstigen können, sind Perfektionismus, soziale Überanpassung, häufiges Zweifeln und Entscheidungsschwierigkeiten, ein hoher moralischer Anspruch, mangelnde Risikobereitschaft, Angst vor Veränderung und Unsicherheit hinsichtlich gesellschaftlicher Normen."[23]

Durch auftretende Frustration und Gefühle der Überforderung, sowie Veränderung der Lebensumstände können ebenfalls Zwangsstörungen hervorgerufen werden. Die meisten Betroffenen werden von ihren Zwängen so eingenommen, dass sie sich den ursprünglichen Problemen oder Konflikten gar nicht mehr widmen können. Somit sind die Zwänge für sie eine Hilfe, um mit unangenehmen Dingen fertig zu werden. Die Ursachen der Zwänge können viele Faktoren haben. Zusammenfassend kann man andeuten, dass psychische sowie neurobiologische Faktoren in Beziehung oder gar Wechselwirkung von Zwangssymptome hervorrufen können.[24]

---

[22] Vgl. ebd. S.67f.

[23] Hoffmann, Barnow, Grabe. (2008): Von Angst bis Zwang, S.68

[24] Vgl. ebd. S.68

Verschiedene Formen von Zwangsstörungen

Es gibt verschiedene Gedankenzwänge und Handlungszwänge. Die geläufigsten Formen möchte ich in diesem Punkt kurz erwähnen. Ich möchte die Unterscheidung der Zwangssymptome wie oben in zwei Kategorien einteilen. Zum einen in den Bereich der Zwangsgedanken und zum anderen in den der Zwangshandlungen.

Ich werde mit den Zwangsgedanken beginnen.

Viele der Betroffenen leiden darunter und es gibt unzählige verschiedenen Formen wie sich Zwangsgedanken äußern können. Doch kann man an dieser Stelle sagen, dass sich Zwangsgedanken grob kategorisieren lassen.

Typische Zwangsgedanken sind Gedanken über Verschmutzung bzw. Verseuchung und/oder Schmutz im allgemeinen Sinne. Der Betroffene hat hierbei meist unbegründete Angst vor ansteckenden Krankheiten oder starke Sorgen über Krankheitskeime. Schädigende Stoffe wie beispielsweise Putzmittel sind ebenfalls in dieser Kategorie enthalten, der Patient hat hierbei Angst, die Umwelt zu verschmutzen. Außerdem hat der Betroffene einen außerordentlichen Ekel vor Körperabsonderungen bzw. Körperausscheidungen. Übermäßige, dauerhafte und zugleich zwanghafte Beschäftigung mit dem eigenen Körper sind die Folge. Ein starkes Unwohlsein tritt ebenfalls bei klebrigen Substanzen und Rückständen auf.

Ein weiterer Zwangsgedanke ist der Drang nach ständiger Ordnung. Der Betroffene hat den Gedanken, alles in eine bestimmte Ordnung bringen zu müssen. Er macht sich außergewöhnliche Sorgen über das eigene Erscheinungsbild und seine Umgebung. Alles sollte so sein, wie es nach den Vorstellungen des Patienten in der richtigen Ordnung ist.

Messiartiges Verhalten kann ein weiterer Zwangsgedanke sein. Denn der zwanghafte Drang, etwas zu horten und auch zu sparen, kann ein weiterer

Gedanke einer Zwangsstörung sein. Diese Gedanken beinhalten zum einen unauffälliges Verstauen von überflüssigen Dingen sowie die eigene Unfähigkeit, sich von Dingen zu trennen, denn es besteht die ständige Angst, es doch gebrauchen zu können und es dann nicht mehr zu haben. Des Weiteren gehören Gedankenzwänge, die sich um sexuelle Inhalte drehen, auch zu Zwangsgedanken. Das Gleiche gilt für Wiederholungszwänge.

Diese sind nicht leicht zu unterdrücken, denn der Betroffene muss ständig Gedanken mit sexuellen Inhalten nachgeben oder ohne logischen Zusammenhang und nachvollziehbaren Grund Routinetätigkeiten wiederholen.

Es kann sich auch um aggressive Gedanken handeln. Diese Gedanken kreisen dann meist um schreckliche Katastrophen, die der Patient verursacht haben könnte. Ebenso tauchen vor dem geistigen Auge des Betroffenen Bilder von Gewalt auf.

Weitere Zwangsgedanken und auch ebenso weit verbreitet sind die Abergläubischen Ängste. Die innere Ansicht, dass gewisse Farben und Zahlen mit Unglück oder Glück verbunden sind stehen bei dieser Form der Zwangsgedanken im Vordergrund.[25]

Wie gerade beschrieben gibt es eine Reihe häufig vorkommender Zwangsgedanken. Die Folge dieser oder auch die von Gedankenzwängen sind Zwangshandlungen bzw. Handlungszwänge. Auch an dieser Stelle werde ich die geläufigsten und aus den Zwangsgedanken resultierenden Zwangshandlungen kurz vorstellen und erläutern.

Es existieren zunächst die aus den Verschmutzungsgedanken resultierenden Wasch- und Reinigungszwänge. Der Betroffene zeigt hierbei ein Verhalten, dass sich in immer wiederkehrendem Duschen, Händewaschen oder Zähneputzen

---

[25] Schwartz, Jeffrey M. (1997): Zwangshandlungen, S.21ff.

zeigt. Der Patient hegt die ständige Gewissheit, Gegenstände oder der eigene Körper sei schmutzig und dadurch sieht er sich gezwungen, sich selbst oder die Gegenstände ständig zu waschen, damit diese auch wirklich frei von Schmutz sind. Die Folge dieser Zwangshandlungen sind meist starke Verletzungen an den Händen, da sie durch das ständige Waschen austrocken und sehr rissig werden können. Der Betroffene hat bei dieser Art der Zwangshandlung erhebliche Schmerzen, kann seine Handlung aber nicht einstellen.

Viele Patienten haben Zwangshandlungen, die sich darauf beschränken, Dinge in eine gewisse Reihenfolge oder Ordnung zu bringen. Sie ordnen beispielsweise Konservendosen alphabetisch und müssen ihre Kleidung in einer gewissen Reihenfolge in den Schrank hängen.

Hort- und Sammelzwänge machen sich bei Betroffenen meist durch das inspizieren des Mülls bemerkbar, denn man könnte ja doch etwas weggeworfen haben, das man irgendwann noch gebrauchen könnte.

Ein weiteres Verhalten bei Zwangserkrankungen können die sogenannten Kontrollzwänge sein. Hierbei kontrolliert der Patient sein Verhalten immer wieder nach. Beispielsweise das ständige Kontrollieren, ob die Wohnungstür auch wirklich zugeschlossen ist. Manche Betroffenen gehen extra Stunden vorher aus der Wohnung weg, weil sie wissen, dass sie den Weg am gleichen Tag wegen der Kontrolle öfters zurücklegen müssen.[26]

Dies sind die häufigsten Zwangsgedanken und Zwangshandlungen, die bei vielen Patienten vorkommen. Viele Gedanken und Handlungen verlaufen nach den o.g. Schemata. Es gibt allerdings auch viele weitere Handlungen und Gedanken, die sich im Verlauf einer Erkrankung individuell auf den Patienten und sein Krankheitsbild einstellen.

---

[26] Vgl. Schwartz, Jeffrey M. (1997): Zwangshandlungen, S.23ff.

Behandlungsmöglichkeiten einer Zwangsstörungen

Es gibt mehrere Möglichkeiten, um eine Zwangsstörung zu behandeln. Ich werde unter diesem Punkt die geläufigsten Behandlungsmethoden vorstellen. Zum einen handelt es sich um die medikamentöse Behandlung zum anderen um die verhaltenstherapeutische Behandlung.

Mittlerweile gibt es viele unterschiedliche Medikamente, mit denen man Zwangsstörungen behandeln bzw. verringern kann. Alle Medikamente verfahren nach dem gleichen Muster, denn sie sorgen dafür, dass sich der Serotoninspiegel im Hirn verändert. Serotonin ist ein Botenstoff zwischen den Nervenzellen, dies wurde bereits erwähnt. 1990 wurde von der staatlichen Gesundheitsbehörde der USA Clomopramin als erstes Medikament gegen Zwangsstörungen anerkannt. Durch Studien wurde bestätigt, dass Clomopramin ein wirksames Mittel gegen Zwangssymptome darstellt. Trotzdem hören diese mit der Einnahme des Präparates nicht auf, sondern reduzieren sich lediglich. 20 bis 30% der Betroffenen können überhaupt nicht mit Medikamenten behandelt werden. Dies kann mehrere Gründe haben, zum einen können starke Nebenwirkungen oder eine Schwangerschaft bei den Patienten der Grund sein. Beispielsweise Verdauungsschwierigkeiten, Mundtrockenheit und Errektionsprobleme bzw. grundsätzliche Minderung der sexuellen Funktionen sind anerkannte Nebenwirkungen dieser Präparate. Zum anderen kann der Grund sein, dass sich bei manchen Patienten nur eine Abnahme einiger Symptome einstellt, nicht aber eine drastische Besserung zu erkennen ist. Solche Patienten sollten zusätzlich noch eine verhaltenstherapeutische Behandlung in Anspruch nehmen.[27]

---

[27] Vgl. Baer. (1993): Alles unter Kontrolle, S.62f.

In einigen Behandlungen werden Betroffene mit einer Komposition aus beiden Methoden behandelt. Seitens der verhaltenstherapeutischen Behandlungsmethode gibt es einige Vorteile, beispielsweise hat diese Art der Behandlung keinerlei Nebenwirkungen und der Patient wendet diese Methode in Eigenregie an.[28]

Zu Beginn einer jeden Therapie ist natürlich die Beziehung zwischen Therapeut und Patient ein wichtiger Bestandteil einer erfolgreichen Therapie. Zunächst wird mit dem Betroffenen geklärt, unter welchen Gegebenheiten, Handlungen und Gedanken die Symptome auftreten und welche persönlichen Befürchtungen auf ihn einwirken. Dann wird eine Anamnese der Zwangsstörung gemacht. Beide Parteien überprüfen gemeinsam, welche Faktoren bei der Entstehung der Krankheit eine Rolle gespielt haben. Haben diese Einflüsse auch zur Entstehung beigetragen und durch welches Vermeidungsverhalten wird die Störung bewahrt. In dieser Phase der Therapie soll dem Betroffenen deutlich gemacht werden, dass er sich in einem Teufelskreis der Krankheit befindet und aus diesem ausbrechen muss. Die kognitive Vorbereitungsphase, die eben erläutert wurde, soll dem Patienten zu verstehen geben, wie er selbst durch seine Zwangshandlungen/Zwangsgedanken dazu beisteuert seine Ängste zu intensivieren.[29]

„Dies kann nur gelingen, indem er sich ganz bewusst den angst- bzw. unsicherheitsauslösenden Situationen aussetzt und dabei auf Vermeidungsstrategien und Neutralisierungsversuche verzichtet."[30]

Die einzelnen Zwänge des Betroffenen verzeichnen eine kurze Minderung der Ängste. Damit diese Angst nicht mehr auftritt, werden viele der Zwänge verstärkt. Die Vermutungen seitens des Patienten, dass seine Angst ins Unüberschaubare steigt, müssen in der Therapie erarbeitet werden. Der Betroffenen

---

[28] Vgl. ebd. S.69f.

[29] Vgl. Hoffmann, Barnow, Grabe. (2008): Von Angst bis Zwang, S.71

[30] Hoffmann, Barnow, Grabe. (2008): Von Angst bis Zwang, S.71

muss dazu gebracht werden, die Angst ohne Zwänge zu ertragen. Das wird solange angewandt bis die Zwänge nachlassen. Während dieser Phase der Therapie erarbeitet der Betroffene zusammen mit seinem Therapeut, Ziele für sich sowie den weiteren Verlauf der Therapie. Sinnvoll ist auch ein Ausblick über langwierige und kurzzeitige Vor- und Nachteile seiner Zwangsstörung. Nach diesen Überlegungen kann der Patient weiterhin entscheiden, ob er die Therapie an dieser Stelle beenden oder fortsetzen möchte.

In der nächsten Phase der Therapie werden individuell auf den Patentien abgestimmte Übungen durchgeführt, um die Ängste zu vermindern. So wird beispielsweise dem Patient durch nichtdurchführen der Zwangshandlungen gezeigt, dass seine Ängste haltlos sind. Patienten die z.B. Kontaminierungsängste haben, müssen sich solange vor einem Kaminfeuer aufhalten, bis sich ihre Ängste vor Ruß und Schmutz vermindern. Durch diese Übungen soll der Betroffene erfahren, dass ohne seine Zwangshandlungen das befürchtete Unglück nicht eintritt. Die Folge dieser Übungen ist dann, dass die Unruhe und Ängste von Übung zu Übung nachlassen. Sich an schwierige Situationen zu gewöhnen, nennt man Habituation. Diese individuellen Übungen müssen ständig wiederholt werden, um den Patienten wieder in die Lage zu versetzen den normalen Alltag selbst zu gestalten.

Die o.g. Übungen setzen bei den Patienten eine gehöriges Maß Motivation voraus, denn sie müssen sich ihren eigenen Ängsten stellen, sich aussetzen und letztendlich auch überwinden. Diese Phase der Therapie wird als Expositionstraining mit Reaktionsverminderung bezeichnet. Wenn der Patient in dieser Phase der Therapie in der Lage ist, diese Übungen eigenverantwortlich im Lebensalltag und bei der Arbeit durchzuführen, kann sich auch ein langanhaltender

Erfolg der Therapie verzeichnen. Wie viele andere Therapien auch, ist diese maßgeblich von der eigenen Mitarbeit der Betroffene abhängig.[31]

„Verschiedene Studien berichten von 60 bis 85% der Patienten als gebessert bis deutlich gebessert (...). In den meisten Fällen bleiben allerdings Zwanghafte >Reste< bestehen."[32]

Die Erfolge der Therapie bestehen ebenfalls nicht auf lange Sicht, denn sie müssen bzw. sollen in regelmäßigen Abständen aufgefrischt werden. In diesem Fall spricht man von sogenannten Boostersessions.

Viel schwieriger zu behandeln sind Zwangsgedanken, denn sich lassen sich nicht so einfach durch eine Habituation erreichen. Diese Art der Bekämpfung der Zwangsgedanken setzt beim Betroffenen eine hohe Form der Selbstkontrollfähigkeit voraus. Eine Habituation kann schwerer erreicht werden, aber sie kann erreicht werden. Beispielsweise lassen viele Therapeuten den Betroffenen seine Zwangsgedanken auf Tonband aufnehmen und diese müssen sich die Gedanken dann anhören. So kann es auch zu einer Verminderung der Zwangsgedanken und einer erfolgreichen Therapie kommen. Konfrontationsübungen sind die am häufigsten eingesetzten Übungen in der Verhaltenstherapie um Zwangserkrankungen zu vermindern.[33]

Die beiden eben beschriebenen Behandlungsmethoden sind die geläufigsten, um eine Zwangserkrankung zu vermindern oder in wenigen Fällen sogar zu besiegen.

---

[31] Vgl. ebd. S.71ff.

[32] Hoffmann, Barnow, Grabe. (2008): Von Angst bis Zwang, S.73

[33] Vgl. ebd. S.73f.

Auswirkungen einer Zwangserkrankung auf Familie, Partnerschaft und das eigene Leben

Ich möchte unter diesem Punkt kurz skizzieren, mit welchen Problemen sich der Betroffene auseinandersetzen muss, die in Verbindung mit einer Zwangsstörung auftreten. Auch die Sicht der Gesellschaft auf einen Betroffenen und die Stigmatisierung dieser möchte ich hier ein wenig erläutern.

Die Tatsache, dass Betroffene versuchen, ihre Zwänge geheim zu halten, ist der Hauptgrund, warum beispielsweise in Partnerschaften einer der Partner über lange Zeit nicht ahnt, dass der andere regelmäßige Rituale pflegt. Der Grund, warum Betroffene ihre Rituale geheim halten, liegt auf der Hand, denn sie haben Angst von anderen Menschen ihres Umfeldes als verrückt erklärt zu werden. Denn wenn jemand als verrückt gilt, schwindet natürlich auch der Respekt gegenüber dieser Person. Um dieser Situation aus dem Weg zu gehen, versuchen Betroffene immer wieder ihre Rituale anderen gegenüber geheim zu halten. Erschwerend kann hierbei noch hinzukommen, dass viele Patienten im Zuge ihrer ständigen Isolation Selbstzweifel hegen und in Depressionen verfallen können.[34]

Der größte Fehler, den viele Angehörige oder Partner machen, ist die Resignation. Einige Angehörige von Betroffenen leisten aktiv Hilfe, um den Betroffenen Rituale abzunehmen und führen manchmal somit auch Rituale für ihn aus. Die Angehörigen versprechen sich dadurch Ruhe und Frieden, keine langen Diskussionen um die Absurdität der Rituale, die die Patienten meist einsehen, aber doch nicht ändern können. Manche Erkrankte nutzen diese Position auch aus, denn sie können mit ihrer Krankheit bei anderen Personen Macht ausüben und sie ebenfalls zu Handlungen motivieren. Sie können somit auch ihren Lebensstil anderen Personen aufdrängen. Für Angehörige ist es am wichtigsten, aktive

---

[34] Vgl. Baer. (1993): Alles unter Kontrolle, S.237f.
Vgl. Schwartz, Jeffrey M. (1997): Zwangshandlungen, S.224

Nichthilfe zu leisten. Die Rituale und Handlungen nicht zu unterstützen oder ihnen sogar zu helfen.[35]

Das sich die Zwangserkrankung auch negativ auf das berufliche Leben auswirkt, benötigt hier wohl kaum einer Erklärung. Schicht- oder andere Arbeitszeiten müssen für die Zwänge unterbrochen werden. Beispielsweise kann eine Briefzustellerin mit Kontrollzwang ein Gebiet nicht in der vorgegeben Zeit austragen, da ihre Ängste, die Briefe nicht ordnungsgemäß zugestellt zu haben, überwiegt. Sie muss sich stets vergewissern, ob der Brief auch im Briefkasten ist und auch nicht herausfallen kann.

Die Zwangserkrankung wirkt sich auch auf das eigene Leben als starke Belastung aus. Die Betroffenen brennen emotional aus. Sie wollen und sind auch manchmal nicht in der Lage, mit anderen Menschen über ihre Probleme zu sprechen. Der Kranke wird von der ständigen Angst verfolgt, er werde von anderen als gestört oder verrückt dargestellt. Viele Zwangserkrankte isolieren sich selbst und es wird schwierig, das Leben zu meistern. Aber nicht nur die Isolation der Patienten entsteht, sondern auch ein schwaches Selbstwertgefühl und das Gefühl, in allen Belangen zu versagen. Durch ein schwaches Selbstwertgefühl der Betroffenen, entwickelt sich zugleich auch eine unbemerkte aggressive Persönlichkeit.[36]

Das Auswirkungen von Zwangserkrankungen auch durchaus negative Aspekte auf die finanzielle Situation der Betroffenen haben kann, sieht man auch am nächsten Beispiel. Ein 46 Jahre alter Mann hat krankhafte Furcht vor Batteriesäure. Sobald er irgendwo eine Sirene hört, muss er losfahren, den Unfallort suchen und mit Eimer und Putzmittel bewaffnet die Straße säubern. Nur so kann er dem entgehen, dass er einmal mit seinem Auto über eine Unfallstelle fährt und

---

[35] Vgl. Baer. (1993): Alles unter Kontrolle, S.238ff.

[36] Vgl. Schwartz, Jeffrey M. (1997): Zwangshandlungen, S.231-240

Batteriesäure an den Reifen hat und diese mit in die Wohnung nimmt. Nach dieser Prozedur musste der Betroffene sich duschen und seine Kleidung entsorgen. Das dies das finanzielle Budget überschreitet, muss natürlich nicht weiter erwähnt werden. Je mehr Autounfälle pro Tag desto mehr Kleidung wird benötigt.[37]

Im gesamten Kontext kann man sagen, dass die Auswirkungen der Krankheit den gesamten Arbeits-, Lebens- und Familienalltag bestimmen und ein ritual- und zwangshandlungsfreier Alltag nicht möglich ist.

---

[37] Vgl. Schwartz, Jeffrey M. (1997): Zwangshandlungen, S.35f.

Zusammenfassung und Fazit

Das erschreckende der in dieser Arbeit bearbeiteten Krankheit ist die Tatsache, dass sie schleichend auftritt. Zunächst hier ein paar Rituale und Gewohnheiten. Mit der Zeit können die Symptome zu ernstzunehmenden psychischen Störungen werden.

„Die Ketten der Gewohnheit sind allzu schwach, so daß(!) man sie nicht bemerkt, bis sie zu stark sind, um gesprengt zu werden"[38]

Die Zwangsstörungen gehören in der Psychologie zu den Angststörungen und man unterscheidet hierbei zwischen zwei Seiten. Der Seite der Zwangsgedanken und die Seite der Zwangshandlung.

Die Zwangsgedanken beziehen sich auf schematisch wiederkehrende Vorstellungen und Impulse, mit denen sich der Betroffene auseinandersetzen muss. Aus den Vorstellungen und Gedanken resultieren die Zwangshandlungen. Diese werden meistens eingesetzt, um die Gedanken zu kompensieren. Sollten aber die Handlungen nicht ausgeführt werden, vermutet der Betroffene eine zunehmende Gefahr und Angst sich selbst sowie auch anderen Mitmenschen gegenüber. Auch wenn dem Betroffenen die Absurdität der Handlungen und Gedanken meist einleuchten, kann er sie nicht abstellen und sieht sich gezwungen, diese auszuführen.

Die Ursachen für eine Zwangskrankheit können biologisch sein oder aber an einem traumatischen Erlebnis in der Vergangenheit liegen.

Die Diagnosen werden meist durch Fragebögen mit den Betroffenen durchgeführt.[39] Er ist in manchen Fachbüchern und Zeitschriften schon abgedruckt

---

[38] Johnson, Samuel (1709-1784), In: Baer. (1993): Alles unter Kontrolle, S.12

[39] Vgl. SCHWARTZ, Jeffrey M.; BEYETTE, Berverly (1997): Zwangshandlungen und wie man sich davon befreit. Frankfurt am Main: Wolfgang Krüger Verlag, 2. Auflage, S.322-326

worden, um evtl. Betroffene durch diese Selbsteinschätzung zu einer Therapie zu ermutigen. Einer wurde z.b. von der Universität Hamburg herausgegeben. Aber den Betroffenen kann geholfen werden, wie o.g. durch eine medikamentöse Behandlung oder einer Verhaltenstherapie, wobei diese zwei Therapieformen gepaart den größten Erfolg versprechen.

Eine aktive Unterstützung für den Betroffenen, für die Familie und deren Alltagsbewältigung ist hier sehr angebracht. Denn neben der psychologischen Unterstützung kann auch ein Sozialarbeiter den Betroffenen in seiner Lebensumwelt unterstützen und intervenieren.

Literaturverzeichnis:

BEAR, Lee (1993): Alles unter Kontrolle. Zwangsgedanken und Zwangshandlungen überwinden. Bern: Hans Huber Verlag, 1. Auflage

Deutsches Institut für Medizinische Dokumentation und Information: (2011) http://www.dimdi.de/static/de/klassi/diagnosen/icd10/htmlgm2011/block-f40-f48.htm (13.04.2011)

Deutsches Institut für Medizinische Dokumentation und Information: (2011) http://www.dimdi.de/static/de/klassi/diagnosen/icd10/ (13.04.2011)

HOFFMANN, Kathrin; BARNOW, Sven; GRABE, Hans Jörgen (2008): Wenn der Zwang zur Sucht wird – Zwangsstörungen. In: BARNOW, Sven (Hrsg.); FREYBERGER, Harald J.; FISCHER, Wolfgang; LINDEN, Michael: Von Angst bis Zwang, Ein ABC der psychischen Störungen: Formen, Ursachen und Behandlungen: Bern: Verlag Hans Huber, 3. Auflage

HOFFMANN, Nicolas (1990): Wenn Zwänge das Leben einengen. Zwangsgedanken und Zwangshandlungen; Ursachen, Behandlungsmethoden und Möglichkeiten der Selbsthilfe. Mannheim: PAL Verlag, 1. Auflage

SCHWARTZ, Jeffrey M.; BEYETTE, Berverly (1997): Zwangshandlungen und wie man sich davon befreit. Frankfurt am Main: Wolfgang Krüger Verlag, 2. Auflage

Zwangsstörung – Erklärungsmodelle und Darstellung des verhaltenstherapeutischen Behandlungsablaufes von Undine Thiemeier
2009

Einleitung

„Habe ich die Haustür wirklich abgesperrt oder nur ins Schloss fallen lassen? Sind die Fenster tatsächlich fest verschlossen oder nur angelehnt? Es ist furchtbar, wenn ich die Wohnung nicht einbruchsicher verlassen habe. Ich habe die Wohnung als letzter verlassen. Ich bin Schuld, wenn etwas passiert. Was ist, wenn Diebe kommen? In unserer Gegend ist ohnehin schon einmal eingebrochen worden. Das halte ich nicht aus! Ich muss sofort noch einmal umdrehen und zu Hause nachschauen. Nein, es wird schon nichts passieren, ich versäume sonst den Bus zur Arbeit. Ich habe ohnehin alles mehrfach kontrolliert. Aber was ist, wenn ein Sturm ein Fenster öffnet, das doch nur angelehnt war? Bei einem Sturm sind nur wenig Menschen auf der Straße, und niemand sieht, wie leicht ein paar Ausländer unsere Wohnung ausräumen [...] und sofort unauffindbar aus der Gegend verschwinden [...]. Das Risiko ist zu groß. Das halte ich nicht aus. Mir wird ganz schlecht, wenn ich daran denke, was passieren kann" (Morschitzky, 2004, S. 102).

Jeder Mensch vollzieht täglich die verschiedensten Rituale, die den Alltag erleichtern, Sicherheit und Struktur geben und auch eine Zeitersparnis darstellen können, wenn über routinierte Handlungsabläufe nicht mehr nachgedacht werden muss; bereits Kinder versuchen mit kleinen ritualisierten Spielchen ihr Schicksal zu bestimmen, indem beispielsweise das Ergebnis einer Schularbeit vom Vorbeifahren eines roten Autos oder der Schrittzahl bis zur nächsten Ampel abhängig gemacht wird; manche Menschen waschen sich häufiger als andere die Hände oder besitzen ein ausgeprägteres Verständnis für Ordnung und Sauberkeit. Aber was macht schlussendlich den Unterschied aus zwischen normalen sich aufdrängenden Gedanken, die jeder von Zeit zu Zeit erfährt, zu denen, die im oben dargelegten Beispiel eines Betroffenen mit Kontrollzwang beschrieben werden? In der vorliegenden Arbeit wird in einem ersten Schritt knapp die Symptomatik, Epidemiologie und der Verlauf einer Zwangsstörung dargestellt, um im darauf folgenden Kapitel auf die psychologische Ursachenbeschreibung eingehen zu können. Hierbei wird der Fokus auf Salkovskis kognitiv-behaviorales Modell zur Abgrenzung normaler gegenüber klinisch relevanter Gedanken gelegt. Zwangserkrankte verbringen den Großteil ihrer Zeit mit ihren krankhaften Gedanken und, je nach Krankheitsform, mit einhergehenden (routinierten) Handlungen. Aufgrund großer Scham und Angst vor Stigmatisierung findet im Laufe der Zeit ein sozialer Rückzug aus dem gesellschaftlichen Leben statt. Zwänge stellen noch immer eine große Herausforderung für Therapeuten und auch Theoretiker dar. Die Krankheit stand lange am Rande therapeutischer Behandlungsmöglichkeiten. Rückschläge und schwierige Behandlungsepisoden sind bei Betroffenen mit dieser manifestierten Störung nicht selten, aber gerade mit der Erarbeitung verhaltenstherapeutischer Behandlungsstrategien wurde die Möglichkeit der Genesung deutlich verbessert (vgl. Reinecker, 1999, S. 73). Daher wird vor der zusammenfassenden Schlussbetrachtung, der Ablauf dieser Behandlungsform aufgezeigt.

Abschließend verweise ich darauf, dass zur besseren Lesbarkeit geschlechtsneutrale Bezeichnungen verwendet werden, wobei die Patientin und der Patient sowie die und der Betroffene etc. selbstverständlich gleichermaßen gemeint sind.

Zwangsstörungen – Symptomatik, Epidemiologie und Verlauf

Unter einem Zwang sind Impulse, Gedanken, Vorstellungen und Handlungen zu verstehen, die sich einem Menschen immer wieder stereotyp aufdrängen, gleichwohl er versucht, sich intensiv dagegen zu wehren. Die Zwänge werden als quälend, psychovegetativ und sinnlos belastend erlebt, sie lösen zudem Schuldgefühle aus, da sie als eigene Gedanken wahrgenommen werden.

Zwangshandlungen, wie auch klinisch relevante Rituale (einfache Wiederholung einer Handlung bis hin zu extrem komplizierten Abfolgen: desinfizierende Waschungen, ins Endlose wiederholte Formeln und Gebete etc.), tragen nicht zur Durchführung nützlicher, gewinnbringender Tätigkeiten bei, sondern vermindern lediglich Anspannungen und dienen der Abwehr vermeintlicher Gefahren (vgl. Morschitzky, S. 98).

Es existieren zwei große Gruppen von Zwangsstörungen, die sich differenzieren in **Zwangsgedanken, -befürchtungen und –impulse** (obsessions) und **Zwangshandlungen** (compulsions) (vgl. ebd., S. 98). Circa 80 Prozent aller Patienten mit einer Zwangsstörung sind sowohl von Zwangsgedanken als auch von Zwangshandlungen betroffen (vgl. Emmelkamp & Oppen, 2000, S. 5). Zu den am häufigsten vorkommenden Zwangshandlungen zählen Waschen und Kontrollieren. Patienten mit Reinigungszwang haben oft Angst davor, andere anzustecken; Kontaminationsangst führt wiederum zum ständigen sorgfältigen Waschen von Händen, Armen und/oder Kleidung (vgl. ebd., S. 5). Beim Kontrollzwang befürchten die Patienten, dass das Nicht-Kontrollieren zum Eintreten von Katastrophen führe. Um dies zu verhindern, werden Gashähne, Türen und Schlösser sowie Schecks etc. häufig kontrolliert. Die am meisten auftretenden Zwangsgedanken beziehen sich auf die Möglichkeit, seinen Mitmenschen etwas antun zu können (z.B. jemanden zu überfahren) (vgl. ebd., S. 5).

Bereits im 18. Jahrhundert wurde in der Literatur über Zwangsphänomene berichtet und der deutsche Psychiater und Neurologie Carl Friedrich Otto

Westphal (1833 – 1890) beschrieb sie vor mehr als einem Jahrhundert (1878) als „absortive insanity", eine leichte Form der Schizophrenie, bei der sich bizarres Verhalten und sich aufdrängende Gedanken von Patienten mit einer Zwangsstörung verbinden. Heute findet sich eine differenzierte Klassifizierung neben jener des DSM-IV im ICD-10^{40}, auf die an dieser Stelle auszugsartig eingegangen werden soll: Ein Kriterium zur Diagnose der Zwangsstörung (F42) ist das Auftreten von Obsessionen oder Compulsionen innerhalb eines Zeitraums von zwei Wochen an den meisten Tagen, wobei der Betroffene mindestens eine als unangemessen oder übertrieben anerkennt. Trotz des Versuchs der Unterdrückung der Zwangshandlungen oder - gedanken, gibt es wenigstens eine Handlung bzw. einen Gedanken, der nicht erfolgreich verdrängt werden kann. Zwangsstörungen verursachen Beschwerden und/oder beeinträchtigen meist aus Zeitmangel die Alltagsbewältigung sowie das soziale Leben. Als häufigstes Ausschlusskriterium gilt, dass die Zwangsgedanken oder –handlungen nicht das Ergebnis anderer psychischer Störungen sind (wie z.b. einer Schizophrenie und verwandten Störungen (F2) oder affektiven Störungen (F3)) (vgl. Dilling et al., 1994, S. 122 f.). Tritt sie komorbide auf, so ist die Wahrscheinlichkeit, dass eine Depression zu einer bereits manifestierten Zwangsstörung hinzukommt, dreimal so groß wie der umgekehrte Fall (vgl. Demal et al., 1992).

In Deutschland liegt die Lebenszeit-Prävalenz bei einem bis zwei Prozent, wobei jedoch von einer deutlichen Unterschätzung dieser Rate aufgrund einer hohen Dunkelziffer ausgegangen werden kann (vgl. Reinecker, 1999, S. 73). Bei 39 Prozent der Zwangskranken trat über einen Beobachtungszeitraum von sieben Jahren eine Verschlechterung und Chronifizierung ein. Zwangsstörungen sind meist durch eine schleichende Entwicklung gekennzeichnet, wobei jedoch

---

[40] Es ist anzumerken, dass, obwohl die Kriterien der ICD-10 grundsätzlich mit den im DSM-IV verwendeten Kriterien übereinstimmen, die Störung im DSM-IV jedoch etwas genauer beschrieben wird (siehe ausführlich hierzu Emmelkamp & van Oppen (2000), S. 2 ff. und Morschitzky, 2004, S. 98 ff.).

ein akuter Beginn durch bestimmte Auslöser ebenfalls möglich ist (vgl. Morschitzky, 2004, S. 115). Sie entstehen meist im Alter zwischen 20 und 25 Jahren, bereits vor dem zehnten Lebensjahr treten die Beschwerden bei zehn Prozent, bei neun Prozent nach dem vierzigsten auf (vgl. Emmelkamp & Oppen, 2000, S. 11). Zu den Zwangskranken zählen etwa 55 Prozent Frauen und 45 Prozent Männer, die ein bis vier Jahre früher erkranken (vgl. Oelkers et al., 2007, S. 7).

Zwangsstörungen gelten als „heimliche Krankheit", da Patienten aus Scham und Stigmatisierungsangst versuchen, sie so lange wie möglich geheim zu halten und alleine zu bewältigen. Erst durch verschiedenste Folgeprobleme, d.h. ernste depressive Beschwerden (vgl. ebd., S. 12, zit. nach Marks, 1987), Beziehungsprobleme (vgl. Emmelkamp & Oppen, 2000, S. 12, zit. nach Emmelkamp, de Haan & Hoogduin, 1990) und Alkoholmissbrauch (vgl. ebd., S. 12, zit. nach Karno et al., 1988), fallen sie auf.

Der Störungsverlauf ist ohne adäquate Behandlung ungünstig; dauert die Zwangsstörung bei Erwachsenen länger als ein Jahr an, ist von einer Spontanheilung in den seltensten Fällen und von einer Chronifizierung der Krankheit auszugehen. Die Schwere der entwickelten Symptome fluktuiert bei den meisten Patienten (vgl. Emmelkamp & van Oppen, 2000, S. 12, zit. nach Wittchen, 1988). Nur bei wenigen setzen die Zwangsbeschwerden zeitweilig aus oder klingen spontan ab, meist verschlimmern sie sich jedoch im Laufe der Zeit. Die vollständige Heilung einer langjährigen Symptomatik ist eher die Ausnahme, aber eine wesentliche Besserung durch Kombination von Verhaltenstherapie und Psychopharmakotherapie bei therapiemotivierten Patienten, ist sehr wahrscheinlich (vgl. Morschitzky, 2000, S. 116).

Psychologische Ursachen für Zwangsstörungen

„Wie wollen diese Hände denn nie rein werden? (...)

Noch immer riecht es hier nach Blut;

Alle Wohlgerüche Arabiens würden diese kleine Hand

Nicht wohlriechend riechen machen. Oh, oh, oh!..."[41]

Shakespeares literarische Beschreibung der Lady Macbeth, auf deren Machtgier Schuldgefühle und Selbstbestrafung folgen und die sich verzweifelt in Reinigungsrituale flüchtet, ist nicht allzu weit vom ersten, durch Sigmund Freud (1856 - 1939) begründeten Erklärungsmodell (1894) einer Zwangsstörung entfernt. Diese beschrieb er erstmals (vorher Ausdruck eines Teufelswerks) als Resultat benennbarer psychischer Prozesse innerhalb des Menschen (triebhafte (unmoralische) Wünsche vs. Forderungen des Gewissens) und gab ihnen somit den Stellenwert einer psychischen Erkrankung. Obgleich bis heute eine vielfache Überarbeitung seines Konzepts stattgefunden hat und zur Erklärung statt psychoanalytischer Verfahren lern- und verhaltenstheoretische Modelle sowie kognitive Konzepte herangezogen werden, so wurden dennoch viele Generationen von Psychiatern und Psychotherapeuten durch seine Darstellung beeinflusst. Dies führte letztendlich, den Kreis hiermit schließend, zu den vorherrschenden Erkenntnissen und Modellen seit Mitte des 20. Jahrhunderts.

Bevor im Folgenden das Zwei-Faktoren-Modell nach Mowrer als Vorläufer-Modell sowie seine „Erweiterung", das kognitiv-behaviorale Modell nach Salkovskis, zum besseren Verständnis möglicher psychologischer Ursachenbeschreibungen herangezogen werden soll, ist der Vollständigkeit halber darauf hinzuweisen, dass eine Zwangserkrankung ebenfalls Grundlage neurobiologischer und genetischer Fehlfunktionen sein kann und Zwänge sich als Kombination dieser mit verhaltenstheoretischen Faktoren entwickeln können. Auch

---

[41] Macbeth, 5. Akt, I. Szene.

hierzu existieren entsprechende Modelle, deren Erläuterung in dieser Arbeit aus Platzgründen jedoch unterbleiben muss, weshalb lediglich auf weiterführende Literatur hingewiesen wird[42].

Insgesamt ist festzuhalten, dass Eigenschaften wie Perfektionismus, übertriebene soziale Anpassung, hohe Moral sowie Angst vor Veränderungen und auch kritische Lebensereignisse, wie der Tod eines nahe stehenden Menschen oder die Trennung vom Partner, als auslösende Faktoren eine Rolle spielen können. Die Aufzählung stellt jedoch lediglich ein Konglomerat dar, genauste Aussagen zur schlussendlichen Entstehung von Zwangserkrankungen können derzeit noch nicht getroffen werden (vgl. Hoffmann & Barnow, 2000, S. 59 ff.).

Zwei-Faktoren-Modell nach Mowrer

Mowrers Modell (1960) wird synonym auch als behaviorales bezeichnet und diente, ausgehend von der Erklärung einer Phobie, vorerst auch als Übertragungsmodell für die einer Zwangsstörung.

Es geht in einem ersten Schritt von der klassischen Konditionierung aus, die zur Angstentstehung führt, wohingegen die operante im zweiten Schritt ein Vermeidungsverhalten hervorruft. Folgendes Beispiel könnte als Illustration des Modells herangezogen werden: Eine Person verbindet einen Geldschein mit einem schlimmen Ereignis, wie einem großen Ehestreit und folglich entsteht ein ständig wiederkehrendes Unwohlsein, wenn sie Geld in der Hand hält. In weiterer Folge ist die Person darum bemüht, dieses Gefühl zu bekämpfen, indem sie künftig vor Kontakt mit Geld Handschuhe anzieht oder die Hände gründlich wäscht, was zunächst zu einer Angstreduktion führt (vgl. ebd., S. 59 ff.). Eine kurzfristige Besserung ist also zu verzeichnen, aber langfristig wird die Angst

---

[42] Hegerl, U., Mavrogiorgou, P. (2002). *Biologische Grundlagen von Zwangsstörungen.* In: Zaudig, M., Hauke, W. & Hegerl, U. (Hrsg.), *Die Zwangsstörung: Diagnostik und Therapie* (2. Aufl., pp. 43 - 63). Stuttgart: Schattauer.

aufrechterhalten. Das Vermeidungsverhalten mündet in der Verhinderung einer Konfrontation mit den ängstigenden Gedanken und die Zwangshandlungen beenden die Konfrontation, womit eine Neubewertung der Situation somit nicht möglich ist (vgl. Margraf, Schneider, 2009, S. 70). Das Modell stellt die Aufrechterhaltung der Zwänge sinnvoll dar, liefert jedoch keine ausreichende Begründung für die Entstehung der Störung, da die wenigsten Patienten von traumatischen Erlebnissen als Urheber ihres Verhaltens berichten (vgl. ebd., S. 70). Das Modell liefert zwar eine Annäherung an die Problematik einer Zwangsstörung, wurde jedoch noch um die Komponente der Kognition und einen anderen Ausgangspunkt erweitert und differenziert, woraus das kognitiv-behaviorale Modell nach Salkovskis entstand.

Kognitiv-behaviorales Modell nach Salkovskis

Dass der erste Faktor des behavioralen Modells, die Konditionierung, der Ursachenbeschreibung nicht genüge trägt, verdeutlicht repräsentativ, weshalb sich in den letzten Jahren die Aufmerksamkeit in zunehmendem Maße auf die kognitiven Mechanismen der Zwangsstörung verlagerte und weitere Modelle entwickelt wurden[43] (vgl. Emmelkamp & Oppen, 2000, S. 19), zu denen das kognitiv-behaviorale Modell Salkovskis (1985) zählt. Ausgangspunkt ist hierbei die Annahme, dass sich Zwangsgedanken aus normalen, aufdringlichen Gedanken heraus entwickeln, die jeder Mensch zeitweise erlebt („Habe ich den Herd wirklich ausgestellt?"). Diese Intrusionen werden als relativ idiosynkratisch, ichsyston, autonom und der Vernunft zugänglich erfahren, wohingegen die quälenden Zwangsgedanken als sich aufdrängend, irrational und ichdyston wahrgenommen werden. Der Unterschied zwischen normalen und klinischen Intrusionen ist nicht in ihrem Inhalt, sondern in ihrer Quantität und Intensität zu sehen. Zur Beantwortung der Frage, worin die Ursache für die Entwicklung von normalen,

---

[43] Beispielhaft seien hierzu die Modelle von Carr (1974) und McFall & Wollersheim (1979) aufgezählt.

aufdringlichen Intrusionen hin zu klinischen liegt, findet eine Bezugnahme zur kognitiven Theorie Becks statt, die davon ausgeht „dass der Unterschied zwischen normalen aufdringlichen Gedanken und Zwangsgedanken nicht im Auftreten der Intrusionen an sich oder im Ausmaß ihrer Unkontrollierbarkeit, sondern in der Art ihrer Bewertung und Interpretation durch die Betroffenen liegt" (Margraf & Schneider, 2009, S. 70). Es findet deshalb eine Interpretation in dysfunktionaler Weise statt, weil ihnen eine besondere Bedeutung beigemessen wird. Taylor (2000) zählt folgende für Zwangspatienten relevante dysfunktionale Schemata auf:

- „Überschätzung der Bedeutsamkeit von Gedanken (z.B. Gedanken entsprechen einem unbewussten Wunsch oder können ein Ereignis hervorrufen),

- Notwendigkeit, die Gedanken zu kontrollieren,

- Perfektionismus,

- Überhöhte subjektive Verantwortlichkeit,

- Gefahrenüberschätzung,

- Unsicherheitsintoleranz" (Taylor, 2002, zit. nach Margraf & Schneider, 2009, S. 70).

Durch die Interpretation der aufkommenden Gedanken im Sinne dieser Schemata wird seitens des Betroffenen versucht, die Intrusionen zu neutralisieren, gleichzeitig entsteht ein die Intrusionen begleitendes Unwohlsein. Entwickelt der Erkrankte die Tendenz, die eigenen Gedanken als sehr bedeutsam oder als subjektives Verantwortungsgefühl zu interpretieren, resultiert ein sich für die Zwangsstörung charakteristisches Muster aus Unbehagen, Neutralisieren und Vermeiden.

Im Modell nach Salkovskis wird illustriert, wie die Fehlinterpretationen zwanghafter Gedanken zu aufeinander aufbauenden Prozessen heranwachsen, deren

Komponenten im Folgenden aufgelistet und anhand eines Beispiels verdeutlicht werden sollen:

- „Negative Emotionen, z.b. Unbehagen, Angst und Depression.

- Verzerrte Aufmerksamkeits- und schlussfolgernde Prozesse

- Aktive und meist kontraproduktive Versuche, die Gedanken und ihre Folgen mithilfe behavioraler und kognitiver Neutralisierungsstrategien zu vermindern (Zwangshandlungen, Vermeidung von Intrusionen auslösenden Situationen, Suche nach Rückversicherung und Versuche, z.B. durch Gedankenunterdrückung, die Intrusion loszuwerden).

- Erleichterter Zugang zum ursprünglichen aufdringlichen Gedanken und verwandten Ideen" (Margraf & Schneider, 2009, S. 71).

Ein Zwangspatient könnte annehmen, das Entstehen seines Gedankens „ Ich könnte daran Schuld sein, wenn jemand auf der Straße überfahren wird" bedeute, dass von diesem Gedanken tatsächlich die Gefahr einer Unfallauslösung ausgeht, wenn keine aktive Gegensteuerung des Betroffenen dagegen stattfindet. Folglich vermeidet er zunehmend, sich in der Nähe von (vielbefahrenen) Straßen aufzuhalten, ob als Fußgänger oder selber als derjenige, der von (öffentlichen) Verkehrsmitteln Gebrauch macht. Dieser angstverursachende Gedanke führt zur Rückversicherung bei anderen und dem z.B. ständigen Suchen in der Zeitung nach möglichen Unfallanzeigen in der Nähe seines Wohnortes sowie dem Versuch, den aufdringlichen Gedanken zu entkommen oder positive Gedanken entgegenzuhalten, um so ein Aufwiegen der negativen zu erzielen. Durch diese Taktik des ständigen Umgehens der Gedanken, werden diese jedoch verstärkt und manifestieren sich zu einer Zwangssymptomatik.

Eine kurzfristige Angstreduktion wird durch die unterschiedlichen Reaktionen auf eine Fehlinterpretation zwar ermöglicht, aber auf lange Sicht wird dadurch eine Verschlimmerung und Vertiefung der Gedanken hervorgerufen, was in weiterer Folge wiederum dysfunktional affektive, kognitive sowie behaviorale Reaktionen verstärkt. Schlussendlich ist festzuhalten, dass zwanghafte Intrusionen direkt aus der kennzeichnenden Handhabung mit diesen Gedanken der Betroffenen selbst abzuleiten sind (vgl. Margraf & Schneider, 2009, S. 70 f.).

Der Ablauf verhaltenstherapeutischer Behandlung

Je nach Ursachen und Bedingungen, die eine Zwangserkrankung auslösen, gibt es unterschiedliche Behandlungsverfahren, die der Vollständigkeit halber an dieser Stelle erwähnt werden sollen: Es kann zwischen **biologischen** (Medikamente, transkranielle Magnetstimulation, tiefe Hirnstimulation), **psychotherapeutischen**, zu denen neben der Verhaltenstherapie u.a. auch Gesprächspsychotherapie, soziales Kompetenztraining und Entspannungsverfahren zählen, und **psychosozialen/ergänzenden** Behandlungsmethoden (z.B. Angehörigenarbeit, rehabilitative Maßnahmen) unterschieden werden (vgl. Stengler, 2008, S. 72).

Die kognitiv-behaviorale Behandlung (kognitive Verhaltenstherapie) ist nach Margraf und Schneider die derzeit präferierte Methode zur Intervention, deren Langzeit-Erfolgsrate bei 60 bis 80 Prozent liegt (vgl. Margraf & Schneider, 2009, S. 85), weshalb der Fokus im Folgenden auf diese gerichtet sein soll.

Eine Grundannahme der Verhaltenstherapie besteht darin, dass etliche Verhaltens- und Denkweisen nicht zufällig, sondern durch Modelllernen, klassische und operante Konditionierung, wie auch Fehlinterpretationen von Intrusionen zustande kommen. Diese Therapieform hat im weitesten Sinne das Ziel, dem Patienten neue Lern- und Erfahrungswelten zu eröffnen und Aneignungsmöglichkeiten effektiver Bewältigungsstrategien und Krankheitssymptommilderungen aufzuzeigen. Der Schwerpunkt der Methode liegt, im Gegensatz zu tiefenpsychologischen Ansätzen, in den vom Therapeuten und Patienten beobachteten Verhaltensweisen und identifizierten Denkprozessen (vgl. Althaus et al., 2008, S. 118).

Therapieprinzipien, zu denen die Reizkonfrontation und Reaktionsverhinderung als wichtigste Behandlungselemente zählen, werden aus der kognitiv-behavioralen Theorie der Zwangsstörung hergeleitet und das diagnostische Vorgehen, die Konfrontationsbehandlung, das Erlernen von Selbstmanagement etc., kurz, der Ablauf der verhaltenstherapeutischen Behandlung, soll im Folgenden dargestellt werden.

Vom Erstkontakt zur Therapie

Dem Therapeuten geht es im Erstgespräch primär darum, sich einen ersten Eindruck vom Patienten und seinem Leiden zu machen. Deshalb ist das diagnostische Überprüfen und das Erfragen von Symptomen sowie der bisherige Krankheitsverlauf mit eventuellen bereits stattgefundenen Interventionen und ggf. verabreichten Medikamenten entscheidend. Neben weiteren Fachfragen wie dem Erläutern von Gestaltungsabläufen des Alltags und Beweggründen, therapeutische Hilfe aufzusuchen, ist auch entscheidend, dass der Patient sich ein Bild seines Gegenübers machen kann und notwendige Informationen erfragt. Im Erstgespräch sollte geklärt werden, wie der Therapeut das Vorgehen innerhalb einer Therapie handhabt, da ein Konfrontationstraining für eine erfolgsversprechende Behandlung unabdingbar ist, viele Verhaltenstherapeuten jedoch in ihrer praktischen Anwendung unerfahren sind oder ihre Behandlung keine sorgfältig geplante Reizkonfrontation vorsieht (vgl. Althaus et al., 2008, S. 128 f.).

Aufklärung über Krankheitsbild und Therapie

Zwischen Erstgespräch und Therapiebeginn kann eine mehrwöchige oder -monatige Wartezeit liegen. Kommt eine Behandlung zustande, sind Patienten zu Beginn meist durch Unwissenheit über ihre Krankheit geprägt und nicht selten wird beispielsweise der Partner als auslösender Faktor der Krankheit gesehen. Aus diesen Gründen und um einen Einstieg in die Therapie sowie das Verstehen der Krankheit zu ermöglichen, ist die Psychoedukation mit einer eingängigen Beschreibung psychologischer und biologischer Ursachenmodelle, des weiteren die Erklärung von Mechanismen der Erkrankung sowie den Therapiebausteinen, unabdingbar (vgl. ebd., S. 130).

Den Zwang begreifen

In der Verhaltenstherapie, sowie ebenfalls in jeder anderen, geht es zunächst um das Identifizieren der Ursachen, d.h. um mögliche, die Krankheit auslösende und verschlimmernde Gedanken, Gefühle, Erinnerungen und/oder Erfahrungen. Ziel ist dabei, dass der Patient selbst die Hintergründe seiner Symptome erkennt und Konsequenzen daraus ziehen kann. Schlussfolgernd ist festzuhalten, dass dem Therapiebaustein der Selbstbeobachtung (z.B. durch Tagebuchführen des Patienten) eine entscheidende Rolle zukommt, da der Betroffene durch sie ein zunehmend differenziertes Bild seiner Störung erlangt. Eine therapeutische Veränderung setzt voraus, dass der Mechanismus zwischen Gefühlen, Gedanken, Zwangsgedanken und Zwangshandlungen erfasst wurde. Der Patient nähert sich an das Modell der Erkrankung an, das ihm hilft, Ordnung und Struktur in sein empfundenes Chaos zu bringen. In einigen Fällen kristallisieren sich klare Funktionen des Zwangs heraus (vgl. ebd., S. 133 f.).

Den Zwang herausfordern

Je länger der Betroffene in seinen Zwangsmustern lebt und daran gewöhnt ist, seine Anspannung und Intrusionen durch Zwangsrituale zu mildern, desto automatisierter werden sie, so dass sie bei vielen Patienten zu verinnerlichten, festen Gewohnheiten geworden sind. In dieser Phase der Behandlung geht es um das Aufsuchen der zwangsauslösenden und verstärkenden Situationen im ganz kleinen Rahmen mit klar umrissenen Zielen (z.B. nur noch nach Toilettenbesuch und vor dem Essen die Hände maximal 30 Sekunden zu waschen), wobei für den Erfolg entscheidendes Kriterium die Freiwilligkeit des Patienten darstellt und nichts gegen seinen Willen geschieht. Kleine Erfolgserlebnisse innerhalb begrenzter Experimente motivieren viele Betroffene für die weitere Therapie, da sie lernen, dem Zwang trotzen zu können, ohne dass unerträgliche Angstgefühle zurückbleiben (vgl. ebd., S.137 f.).

Das Fühlen üben

Gefühle besitzen eine wichtige Steuerungsfunktion für das menschliche Handeln; sie haben Aufforderungscharakter und geben Verhaltenshinweise in bestimmten Situationen. Wichtiger Bestandteil der Verhaltenstherapie ist das erneute Lernen der Wahrnehmung und des Ausdrucks von Gefühlen, da viele Patienten deutliche Defizite im Äußern dieser zeigen. Wut und Aggressionen werden bei Zwangspatienten häufig unterdrückt und gelangen nicht in ihr Bewusstsein, d.h. statt die Wut nach Außen zu richten und sich mit ihr auseinanderzusetzen, wird die unterdrückte Emotion in Zwänge umgeleitet. Deshalb erleben viele Patienten gerade nach Konfliktsituationen die Heimsuchung von Zwangsgedanken- und -handlungen (vgl. ebd., S. 147 f.).

Die Vorbereitung des Reizkonfrontationstrainings und die Durchführung der Reizüberflutung

Im Behandlungszentrum und entscheidend für den Therapieerfolg ist, wie bereits erwähnt, das Reizkonfrontationstraining. Hierbei kann zwischen zwei Vorgehensweisen unterschieden werden. Bei der **gestuften Konfrontation** werden diese mit schritthaftem stetigen Anstieg geübt. Anschließend findet eine Annäherung an schwierigere Situationen statt. Der Patient hat hierbei auf schonende Art und Weise das Gefühl, eine bessere Kontrolle über das Vorgehen zu besitzen.

Beim **massiven Vorgehen** wird der Patient von Anfang an mit der schwierigsten Situation konfrontiert (Reizüberflutung, engl. „flooding"), d.h., dass der Patient von seinen Ängsten „überflutet" wird. Zwangsgedanken und Handlungen werden nicht neutralisiert oder umgangen, vielmehr lernt der Patient mit den sich einstellenden negativen Emotionen umzugehen und sich ein Reaktionsmanagement anzueignen. Notwendige Voraussetzung für dieses Vorgehen ist Aufklärung des Patienten und die Verinnerlichung des Sinnes dieses

Therapiebausteins. Durch den Spannungsverlauf des Floodings macht der Patient die Erfahrung und verinnerlicht, dass trotz der Konfrontation mit der schlimmstmöglichen Situation ein Gegenritual letztlich nicht von Nöten ist, da die maximale psychische und physische Anspannung in kürzester Zeit wieder abfällt. Im Rahmen der Therapie schließt der Therapeut mit seinem Patienten einen Flooding-Vertrag, der den Anfang des Ausstiegs aus dem Zwangssystem symbolisieren soll und in verschriftlichter Form, als eine Selbstverpflichtung des Betroffenen, genaue Einzelheiten des Vorgehens festhält (vgl. ebd., S. 150 ff.).

Der Flooding-Termin umfasst zwei bis sechs Stunden intensive Betreuung, denn der Patient sollte sich tatsächlich den Situationen stellen, von denen er das Gefühl hat, sie nicht im geringsten Maße kontrollieren zu können. Nur so lernt er, dass erwartete katastrophale Konsequenzen auch nach angenommenem Kontrollverlust, nicht eintreten; die Angstvermeidung soll durchbrochen werden (vgl. ebd., S. 155 ff.). Bei auftretenden Zwangs**gedanken** ohne offensichtliche äußere Auslöser, lässt sich in der Therapie keine äußere Situation im klassischen Sinne schaffen (wie z.B. beim Berühren einer Toilettenbrille), weshalb der Patient direkt mit seinen Zwangsgedanken konfrontiert wird. Ängstigende und panikauslösende Worte werden zunächst systematisch erfasst, anschließend auf z.B. eine Kassette gesprochen, um sie täglich mindestens zweimal für zehn Minuten abzuhören. Auch hier findet durch die therapeutische Unterstützung im Laufe der Zeit eine Gewöhnung statt (vgl. ebd., S. 158 f.). Auch wenn die Konfrontationstherapie ein entscheidender Baustein ist und der Patient lernt, seinen Zwängen zu trotzen, ist die Intervention noch nicht beendet. Nun, da der Fokus nicht mehr voll und ganz auf der Störung liegt, treten andere Problembereiche in den Vordergrund, für die bislang keine Kapazitäten zur Verfügung standen[44],

---

[44] Eine Patientin hat gelernt, nicht ihrem übermäßigen Putzdrang in den Wohnräumen nachgehen zu müssen, neigt nun aber dazu, problematische Orte im Haus zu meiden.

aber zeigen, dass in einem nächsten Schritt in anderen Bereichen adäquate Bewältigungsstrategien erarbeitet werden müssen (vgl. ebd., S. 161).

Rückfallprophylaxe und Therapieende

Eine erfolgreiche verhaltenstherapeutische Zwangsstörungsbehandlung umfasst in der Regel 40 bis 60 Sitzungen. Entscheidend abhängig ist hierbei, ob der Patient die vereinbarten Therapieziele erreicht hat (Kann er selbstständig mit den Zwängen umgehen? Weiß er, wie er bei eventuell auftretenden Rückschlägen reagieren muss?). Die Rolle des Therapeuten wandelt sich von der des Spezialisten zu der des zurückhaltenden Parts, denn der Patient wird zunehmend sein eigener Therapeut, der gelernt hat, mit Zwangshandlungen und Intrusionen umzugehen, Lösungswege zu finden und Folgen zu durchdenken. Zur Vermeidung eines abrupten Therapieabschlusses bieten viele Therapeuten im Rahmen einer ambulanten Betreuung Gesprächstermine in größer werdenden Abständen von zwei bis vier Wochen an (vgl. ebd., S. 165 ff.).

Schlussbetrachtung

Die Zwangsstörung scheint eine klinische Diagnose zu sein, hinter der Untergruppen verschiedener Ätiologie stehen. Neurobiologische Modellvorstellungen, genetische Dispositionen und Veränderungen in den Transmittersystemen können eine entscheidende Auswirkung auf die Schwere und Ausprägung der Symptomatik besitzen. Psychologisch begründete Modellvorstellungen, wie die nach Mowrers oder Salkovskis, sehen den Ursprung der Störung in Fehlbewertungen von intrusierten Gedanken, nicht bewältigten Lebensereignissen oder deren Zusammenspiel.

Die kognitive Verhaltenstherapie erwies sich bisher als die erfolgreichste Therapiemethode für Zwangspatienten (vgl. Abramowitz, 1998). Vor jedem Therapiebeginn sollte jedoch geklärt werden, ob neben der Zwangsstörung komorbid eine Persönlichkeitsstörung besteht, die zu ihrer Aufrechterhaltung beiträgt. Hier könnte es dann notwendig sein, zuerst die Persönlichkeitsstörung zu behandeln, um im Anschluss den Abbau der Zwangssymptomatik zu forcieren.

Durch die Arbeit wurde gezeigt, dass sich die Bausteine der kognitiv-behavioralen Behandlung direkt aus der Therapie ableiten und Patienten in der Erkenntnis unterstützt werden, Zwangsgedanken und -handlungen durchbrechen zu können und ihnen nicht unterlegen sein zu müssen, so schwer es auch zu Beginn der Therapie glaubhaft gemacht werden kann.

Entscheidendes Kriterium ist, dass der Patient in der Verhaltenstherapie den Zusammenhang zwischen der Symptomatik und den auslösenden sowie aufrechterhaltenden Bedingungen erkennt. Wenn dies der Fall ist, kann er seine Symptomatik als Warnsignal verstehen und ihr mit einer Exposition statt mit Vermeidungsverhalten entgegentreten. Hierbei ist von wichtigster Bedeutung, dass seine Interpretationsmuster verändert werden und er zur Erkenntnis gelangt, dass zwanghafte Kontrolle nicht von Nöten ist.

Schlussendlich ist festzuhalten, dass eine Zwangsstörung immer auch Angehörigenarbeit und -einbindung bedeutet und eine professionelle Unterstützung durch familientherapeutische Interventionen im Rahmen einer Therapie zwecks hinreichender Ursachen- und Hilfestellungsaufklärung hier ebenfalls gewährleistet werden sollte[45].

---

[45] Vgl. hierzu ausführlich Tominschek, I., Schiepek, G. (2007). *Praxis der Paar- und Familientherapie. Zwangsstörungen*. Band 4. Hogrefe Verlag GmbH & Co.KG: Göttingen.

Literaturverzeichnis

Althaus, D., Niedermeier, N., Niesken, S. (2008). *Zwangsstörungen. Wenn die Sucht nach Sicherheit zur Krankheit wird.* München: Verlag C.H. Beck.

Demal, U., Lenz, G., Mayhofer, A., Zapotocky, H., Zitterl, W. (1992). *Zwangskrankheiten und Depression. Retrospektive Untersuchung über den Zeitverlauf.* Verhaltensmodifikation und Verhaltensmedizin, 13, S. 71 – 85.

Dilling, H., Monbour, W. & Schmidt, M.H. (Hrsg.) (1994). *Internationale Klassifikation psychischer Störungen. ICD-10, Kapitel V (F). Klinisch- diagnostische Leitlinien.* (2., korr. Aufl.). Bern: Huber Verlag.

Emmelkamp, P., Haan, E. de, Hoogduin, C. (1990). *Marital adjustment and Obsessive Compulsive Disorder.* British Journal of Psychiatry, 156, pp. 55 – 60.

Emmelkamp, P., van Oppen, P. (2000). *Zwangsstörungen. Fortschritte der Psychotherapie.* Göttingen: Hogrefe-Verlag GmbH & Co.KG.

Hegerl, U., Mavrogiorgou, P. (2000). *Biologische Grundlagen von Zwangsstörungen.* In Zaudig, M., Hauke, W., Hegerl, U. (Hrsg.). *Die Zwangsstörung: Diagnostik und Therapie.* (2.Aufl.). pp. 43 – 63. Stuttgart: Schattauer.

Hoffmann, K., Barnow, S. (2000). *Wenn der Zwang zur Sucht wird. Zwangsstörungen: Formen, Ursachen und Behandlungsmöglichkeiten.* In: Barnow, S. et al. (Hrsg.): *Von Angst bis Zwang. Ein ABC der psychischen Störungen: Formen, Ursachen und Behandlung.* S. 53 – 69. Bern

Karno, M., Hogh, R.L., Burnam, A., Escobar, J.I., Timbers, D.M., Santana, F. & Boyd, J.H. (1988). *Lifetime prevalence of specific psychiatric disorders amoing mexican americans and non-hispanic whites in Los Angeles.* Archives of General Psychiatry, 44, 695 – 701.

Margraf, J., Schneider, S. (Hrsg.) (2009). *Lehrbuch der Verhaltenstherapie. Band 2: Störungen im Erwachsenenalter – Spezielle Indikationen – Glossar.* (3., vollst. Bearb. U. erw. Aufl.). Heidelberg: Springer Medizin Verlag.

Marks, I.M. (1987). *Fears, phobias and rituals. Panic, anxiety and their disorders.* New York: Oxford University Press.

Morschitzky, H. (1998). *Angststörungen. Diagnostik, Erklärungsmodelle, Therapie und Selbsthilfe bei krankhafter Angst.* (3. Aufl.). Wien: Springer Verlag.

Nardone, G. (2003). *Systemische Kurzzeittherapie bei Zwängen und Phobien. Einführung in die Kunst der Lösung komplizierter Probleme mit einfachen Mitteln.* (2. unveränd. Aufl.). Bern: Verlag Hans.

Oelkers, C. Hautzinger, M., Bleibel, M. (2007). *Zwangsstörungen. Ein kognitivverhaltenstherapeutisches Behandlungsmanual.* Weinheim, Basel: Beltz Verlag.

Reinecker, H. *Zwangsstörung.* In: Reinecker, H. (Hrsg.) (1999). *Fallbuch der Klinischen Psychologie. Modelle psychischer Störungen.* (2. überarb. u. erw. Aufl.). (S. 73 – 88), Göttingen: Hogrefe Verlag.

Stengler, K. (2008). *Zwänge verstehen und hinter sich lassen.* Stuttgart: TRIAS Verlag in MVS.

Taylor, S. (2002). *Cognition in obsessive compulsive disorder: An overview.* In R.O. Frost & G. Steketee (Eds.). *Cognitive approaches to obsessions and compulsions. Theory, assessment, and treatment.* Amsterdam: Pergamon.

Tominschek, I., Schiepek, G. (2007). Praxis der Paar- und Familientherapie. Zwangsstörungen. Band 4. Hogrefe Verlag GmbH & Co. KG: Göttingen.

Wittchen, H.-U. (1988). *Natural course and spontaneous remissions of untreated anxiety disorders: Results of the Munich follow- up study (MFS).* In: Hand, I. & Wittchen, H.-U. (Eds.). *Panic and Phobias 2,* (pp. 3 – 17). Berlin: Springer.

Internetquelle

Bildquelle: Verfügbar unter: [Eingesehen am 12.08.09, um 13.20 Uhr]

http://www.br-online.de/content/cms/Universalseite/2008/08/21/cumulus/BR-online-Publikation--185308-20080821105748.jpg

Phänomen Messie: Eine neue Form der Zwangserkrankung?
von Silke Bachert
2008

Einleitung

Zu jeder Zeit, in jeder gesellschaftlichen Epoche entwickeln sich auch neue Krankheits- oder Störungsbilder.

Mit fortschreitender Individualisierung der Gesellschaft können wir mit gänzlich neuen Formen psychischer Reaktionen konfrontiert werden, bzw. bekannte Störungsbilder verändern oder verstärken sich derart, dass zu überlegen ist, ob hier inzwischen von einer eigenständigen Erkrankung auszugehen ist.

Eine solche Form liegt wohl bei dem so genannten Messie-Phänomen, oder auch Messie-Syndrom, vor, welches sich seit den achtziger Jahren zu einem Schlagwort unter Fachleuten und Laien entwickelte.

Aber was genau ist mit diesem Begriff gemeint, beschreiben oft synonym benutzte Termini wie Vermüllungssyndrom, Desorganisationsproblem oder Diogenes-Syndrom ein identisches Störungsbild, oder ist von zufälligen Parallelen auszugehen?

Handelt es sich um eine eigenständige psychische Erkrankung oder haben wir es lediglich mit einer Unterform eines bestehenden Krankheitsbildes zu tun?

Die Darstellung des Messies in der Öffentlichkeit ist das meist recht einseitige Bild eines zugemüllten Eigenbrödlers, der alles aufbewahrt und schmutzig und strukturlos durch unsere zivilisierte Gesellschaft mit ihren scheinbar allgemein gültigen Ordnungs- und Sauberkeitsnormen irrt.

Bei näherer Betrachtung des Themas offenbart sich allerdings eine ganz andere, äußerst vielschichtige Wahrnehmung, bei der jede scheinbar beantwortete Frage neue Fragen aufwirft.

Bei meiner Beschäftigung mit dieser Thematik vermutete ich zunächst einen engen Bezug, oder sogar eine Zugehörigkeit zu den Zwangsstörungen.

Aber ist dem wirklich so oder überschneiden sich nur Erkrankungen mit ähnlichen Symptomen? Diesen Fragestellungen möchte ich in der vorliegenden Arbeit nachgehen.

Definition des Messie-Phänomens

Bisher wurde das Messie-Phänomen nicht in die internationalen Klassifikationen psychischer Störungen aufgenommen, so dass weder eine Definition nach dem DSM IV noch nach dem ICD 10 möglich ist.

Von verschiedenster Seite sind Begriffserklärungen, bzw. Ansätze dazu vorhanden. An dieser Stelle möchte ich deshalb versuchen, die identischen Feststellungen zu einer Definition zusammenzufügen.

Das Messie-Phänomen, an mancher Stelle auch Messie-Syndrom genannt, ist eine psychische Erkrankung, die das Problem des Betroffenen damit bezeichnet, seinen Alltag, sein Leben und sein Lebensumfeld zu organisieren, zu strukturieren und ordentlich zu halten.

Die Bezeichnung kommt von dem englischen Wort *mess*, welches Unordnung, Dreck oder Schwierigkeiten bedeutet.

Die Symptome können in Teilbereichen, wie auch in der gesamten Lebensstruktur des Betroffenen auftreten.

Das Messie-Phänömen tritt oft in Verbindung mit anderen Störungen, wie beispielsweise Zwangsstörungen, Depressionen, ADHS und Psychosen auf, worauf ich später noch näher eingehen werde.

Bezeichnend ist für die Betroffenen der meist starke Leidensdruck, den ihnen ihr chaotischer Lebensalltag bereitet, wie auch die Unfähigkeit und die Angst vor einer Beseitigung des Chaos.

Nach außen gelingt es Betroffenen oft, eine Fassade der Normalität aufrecht zu erhalten, sie können sich aber auch in vollständige Isolation zurückziehen, was meist eine Folge der Scham über ihre chaotische Lebenssituation ist.

Manchmal kommt es zu einer Anhäufung von unnützen Dingen in ihrem Lebensraum, was bis zur Vermüllung und Verwahrlosung führen kann; manchmal ist die zeitliche Organisation des Alltags für den Betroffenen unmöglich und er ist nicht in der Lage, Prioritäten zu setzen.

Meist zeigt sich bei den Betroffenen ein geringes Selbstwertgefühl in Verbindung mit einer niedrigen Frustrationsgrenze, was im Gegensatz zu ihren hohen Ansprüchen an sich selbst und dem damit verbundenen Perfektionswunsch steht. Marianne Bönigk- Schulz konkretisiert die Messie Problematik auf 4 Kernpunkte:

- Messies sind dadurch gekennzeichnet,dass sie sich über einen langen Zeitraum blockiert und gehemmt fühlen,

- dass sie in vorgefassten Ideen verhaftet bleiben,

- dass sie in einmal gelernten Gedanken und Reaktionen festgefahren sind,

- dass sie keinen Anfang und kein Ende kennen.(2003)

Ursachenmodelle

Ursachen bzw. Auslöser des Messie-Phänomens werden von Experten, wie auch von Betroffenen, in den verschiedensten Bereichen gesehen. An dieser Stelle möchte ich einige häufiger vermutete Ursachenannahmen aufführen.

Ein möglicher Auslöser kann ein erlebter Verlust des Betroffenen sein, wie der Verlust des Arbeitsplatzes, der Tod eines Angehörigen, eine Scheidung oder Ähnliches. In diesem Fall scheint das Sammeln zu entlasten oder Sicherheit zu vermitteln.

Auch bei einer vorliegenden Zwangsstörung oder Suchterkrankung kann mit Sammelwut und Kaufsucht gerechnet werden, was sich in den Erscheinungen des Messie- Phänomens manifestieren kann.

Überforderungssituationen werden ebenfalls als mögliche Ursache angenommen, diese können hinsichtlich Leistungsvermögen, Wissen, Können oder Besitzerwartungen genauso auftreten, wie in kurzfristigen Krisensituationen, z.B. bei Krankheit oder familiären Entscheidungen.

In manchen Fällen werden sicher verschiedene Ursachen zusammentreffen.

Eindeutige Klärungen liegen zurzeit noch nicht vor.

Geschichte

Das Störungsbild an sich mag in unserer, sich immer mehr individualisierenden Gesellschaft, weit zurück verfolgbar sein. Seit ca. 1985 wurde der Begriff „Messie" von Sandra Felton geprägt, welcher sich seitdem international verbreitete:

Die Amerikanerin Sandra Felton, eine Mathematiklehrerin aus Miami (Florida), gründete die weltweit erste Gruppe der „Anonymen Messies" und hat mehrere Bücher über das Problem geschrieben, unter anderem „Im Chaos bin ich Königin" und „Im Chaos werden Rosen blühen" (Brendow-Verlag). Felton sorgte 23 Jahre lang für Unordnung und Chaos daheim, bis sie die Ärmel aufkrempelte. Der absolute Tiefpunkt kam, als sie wochenlang nicht merkte, dass das Abflussrohr an ihrem Küchenbecken leckte. Denn im Einbauschrank darunter stapelten sich alte Zeitungen. Das Papier sog das Wasser aus dem Rohr auf, und die zweifache Mutter entdeckte die Bescherung erst, als der Boden unter dem Becken schon halb verrottet war (Stangl 2008).

Vergleiche mit ähnlichen Erkrankungen

In der bisherigen Forschung wurden ähnliche Erscheinungen unter verschiedenen Begriffen zusammengefasst und erläutert. Manche dieser Konzepte verwirren durch die mit der Bezeichnung verbundenen Assoziationen, wie beispielsweise der Name „Diogenes-Syndrom"

Es stellt sich explizit die Frage, ob die unterschiedlich benannten Erkrankungen ein ähnliches oder ein identisches Störungsbild erfassen.

Immer wieder tauchen Begriffe wie Sammelwut, Sammelzwang, Horten, Vermüllung, Verwahrlosung usw. auf.

Wo findet sich Gemeinsames, wo sind die Unterschiede zu sehen?

Im Folgenden möchte ich mich den zwei am häufigsten, oft synonym neben Messie-Syndrom, gebrauchten Begriffen zuwenden.

Diogenes-Syndrom

Aus dem angelsächsischen Raum kommt der Begriff des Diogenes-Syndroms. Benannt nach dem griechischen Philosophen Diogenes von Sinope, der um 300 n. Chr. in Kleinasien lebte, wird hierbei seit der Mitte des 20. Jahrhunderts eine Form der extremen Verwahrlosung und Vermüllung bei zumeist älteren Menschen beschrieben.

Insofern wirkt die Bezeichnung eher unpassend, da Diogenes in der Überlieferung für eine selbstgenügsame, asketische Lebensweise steht, die jedem überflüssigen Hab und Gut entsagt und so nach sittlicher und religiöser Vervollkommnung strebt.

Definition des Diogenes-Syndroms

Eine kriteriengestützte Definition im Sinn der heute gängigen diagnostischen Manuale liegt nicht vor. Im Jahr 1985 wird der Begriff von J. Klosterkötter und U.H. Peters anhand eigener Fallbeschreibungen in die deutsche Fachliteratur übernommen, wobei sie zunächst von einer aktiven, soziokulturellen Verweigerungshaltung der von Verwahrlosung Betroffenen ausgehen. Nach Klosterkötter und Peters lassen sich charakteristische Merkmale wie folgt zusammenfassen:

- Vernachlässigung des persönlichen Lebensraumes und Auftreten eines Sammeltriebes

- schamlose Vernachlässigung des Körpers

- sozialer Rückzug und Abwehr von Hilfe

- Häufung beim weiblichen Geschlecht

- überwiegend jenseits des 60. Lebensjahres

- primär persönliche Selbst-Isolationstendenzen

Thomas Knecht erklärt: „Beim so genannten Diogenes-Syndrom handelt es sich um eine ätiopathogenetisch heterogene diagnostische Kategorie von verwahrlosten, meist älteren Patienten, deren Hauptsymptomatik im Sammeln und/ oder Horten nutzloser Objekte bzw. von Abfällen besteht" (Knecht 2007, S.839).

Vergleich mit dem Messie-Phänomen

Hier möchte ich, wie auch bei folgenden Störungsbildern, auf die Unterschiede eingehen. Im Gegensatz zu den vom Diogenes-Syndrom betroffenen Personen, vermögen es Messies oft, äußerlich gepflegt aufzutreten.

Sie müssen teilweise enorm viel Zeit dafür aufbringen, Kleidungsstücke zu finden und herzurichten.

Hinsichtlich des Wohnumfeldes wird bei Messies von Felton von einer „ausgeschalteten Sicht" gesprochen:

Messies merken gar nicht richtig, wie schlimm es um ihren Haushalt steht, weil ihnen der Blick dafür fehlt. Man könnte sagen, sie denken kurzsichtig... Sie können nur einen kleinen Ausschnitt ihres Hauses auf einmal wahrnehmen, und daran arbeiten sie mit voller Energie. So kommt es, daß oft ein Teil ihres Haushalts perfekt gepflegt und aufgeräumt ist, während der Rest einem Schlachtfeld gleicht.(Felton 1995, S. 51)

Messies sind in der Öffentlichkeit meist nicht isoliert, oft sind sie sogar sehr engagiert. Sie übernehmen häufig Aufgaben in Vereinen und Gemeinden, sind hilfsbereit und interessante Gesprächspartner. Dagegen steht eine Art „häusliche Isolation". Dazu schreibt Furlani (2004, S. 12) „Fangen Messies an sich mit den Augen anderer zu betrachten entsteht ein extremes Schamgefühl. Aus diesem Grund isolieren sich die Betroffenen häufig.

Niemand wird mehr in die Wohnung gelassen. Unangemeldeter Besuch stellt eine Bedrohung dar."

Ebenfalls unterschiedlich stellt sich das Alter der Betroffenen dar. Aus Erfahrungsberichten Betroffener lässt sich entnehmen, dass alle Altersgruppen vertreten sind, wobei verstärkte Probleme natürlich oft erst nach der Phase der Adoleszenz mit der Übernahme einer eigenen Haushaltsführung auftreten. Die Problematik tritt geschlechterübergreifend auf; allerdings rücken Auffälligkeiten bei Frauen stärker in den Fokus, da von ihnen rollenbedingt die Haushaltsführung erwartet wird.

Stellvertretend für Studien, die diese Aussagen bestätigen, möchte ich hier auf eine im Rahmen einer Diplomarbeit erstellte Befragung von 156 Messies verweisen. Dabei ergab sich ein Altersdurchschnitt von 38,98 Jahren. (vgl. Raskob 2002, S.124)

Vermüllungssyndrom

In der Öffentlichkeit wird dieser Begriff oft in Zusammenhang mit der Messieproblematik oder aber auch synonym verwendet. Deshalb ist auch hier eine genauere Definition und Abgleichung der Begrifflichkeiten notwendig.

Definition des Vermüllungssyndroms

Auch das so genannte Vermüllungssyndrom wird in den gängigen Manualen nicht aufgeführt. Meist werden Kriterien wie Sammeln, Verwahrlosung und Isolation bei Erkrankungen wie Demenz, Psychosen oder Zwangserkrankungen mit erwähnt.

Der Begriff „Vermüllungssyndrom" wurde erstmalig 1984 von dem deutschen Psychiater Peter Dettmering gebraucht. Dort führt er aus, dass das Vermüllungssyndrom den klinischen Psychiatern faktisch unbekannt sei und in Lehrbüchern nicht erwähnt würde. Er vergleicht Wohnungen von Erkrankten, die durch ihre pathologische Leere erschrecken, mit Wohnungen mit einem pathologischen Zuviel, welches zur Unbewohnbarkeit führt. (vgl. Dettmering 2001, S.21)

Dettmering vertritt in diesem Zusammenhang die Meinung, dass Betroffene unter ihrer Unfähigkeit, Brauchbares von Unbrauchbarem und Werloses von Wertvollem zu trennen, leiden. (vgl. ebd. S.24)

In ihrer Dissertation konkretisiert Renate Pastenaci 1993 die Punkte, die für ein Vorliegen des Vermüllungssyndroms maßgeblich sind, wie folgt:

- soziale Isolierung

- Müll als Entlastung bei seelischen Problemen

- Panikreaktion bei Entmüllung (vgl.Pastenaci 1993, S.56)

Vergleich mit dem Messie-Phänomen

An vielen Stellen wird das Vermüllungssyndrom als Extremform des Sammelns und Hortens in Verbindung mit massiven Desorganisationsproblemen betrachtet.

Dettmering sieht Vermüllungssyndrom und Messiephänomen als zwei verschiedene Störungsbilder, die ursprünglich wahrscheinlich miteinander verwandt sind, aber im psychiatrischen Sinn ganz unterschiedlich beurteilt werden müssen. Dieses gilt sowohl für die Auswirkung wie auch für die zu ergreifenden Maßnahmen. (vgl. Dettmering 2001, S.136)

Auch von Marianne Bönigk-Schulz wird darauf verwiesen, dass Vermüllung bei einigen Messies vorkommt, aber letztlich kein Kriterium zur Einordnung sein kann (vgl. Bönigk-Schulz 2003).

Zuordnungsversuche zu anderen Erkrankungen

Wie bereits zu Beginn dieser Arbeit erwähnt, wird das Messie-Phänomen häufig mit anderen Störungsbildern in Zusammenhang gebracht, bzw. als eine Folge oder ein Symptom anderer psychischer Erkrankungen gesehen.

Ursächlich kann dabei das häufige Überlappen bei Diagnosekriterien sein. Auch die hohe Komorbidität beim Messie-Phänomen mag eine Rolle spielen, da Betroffene oft auch unter Angststörungen oder Depressionen leiden.

Die häufigsten Annahmen möchte ich an dieser Stelle untersuchen.

Zwangsstörungen

Zu den Diagnosekriterien der Zwangsstörung schreibt das DSM IV (2003,S.509):

„Das Hauptmerkmal der Zwangsstörung sind wiederkehrende Zwangsgedanken oder Zwangshandlungen (Kriterium A), die schwer genug sind, um zeitaufwendig zu sein (sie benötigen mehr als eine Stunde am Tag) oder ausgeprägtes Leiden oder deutliche Beeinträchtigungen zu verursachen (Kriterium C). Zu irgendeinem Zeitpunkt der Störung hat die Person erkannt, daß! die Zwangsgedanken oder Zwangshandlungen übertrieben oder unbegründet sind (Kriterium B)."

Bei den Formen der Zwangsstörung wird zwischen Zwangshandlungen und Zwangsgedanken unterschieden. Zu ersteren sind insbesondere Waschzwänge und Kontrollzwänge zu zählen, zu letzteren gehören zwanghafte Bilder, Impulse und reine Gedanken.

Reinecker fasst im Ratgeber Zwangsstörungen (vgl. 2006, S.10) folgende Merkmale zusammen, die ebenfalls auf dem DSM IV sowie dem ICD 10 basieren: zunächst handelt es sich um einen inneren Drang, bestimmte Dinge zu tun oder zu denken, dem die Person Widerstand leistet, die Person ist in der Lage, die Sinnlosigkeit der Gedanken oder Handlungen zu erkennen und erlebt durch diese Gedanken oder Handlungen eine deutliche Beeinträchtigung des Lebensvollzugs.

Ist das Messie-Phänomen eine Form der Zwangsstörung?

An dieser Stelle möchte ich auf einige der vorstehend erwähnten Kriterien eingehen. So wird im DSM IV ja der benötigte Zeitaufwand erwähnt, der betroffene Personen in ihrem Lebensalltag behindert.

Hier habe ich bereits im Eingang die Schwierigkeiten der Messies bei der zeitlichen Organisation ihres Alltags geschildert. Viele Tätigkeiten werden begonnen, nichts zufriedenstellend zu Ende geführt. Diese Desorganisationsproblematik führt auch zu nicht eingehaltenen Terminen und somit auch zu Problemen im sozialen Bereich.

Dieses könnte man als übereinstimmend mit der Zwangsstörung bezeichnen. Ebenfalls stimmig kann man das Kriterium der Zwangshandlungen erklären, wenn man das Sammeln und Aufbewahren von teilweise unnützen Gegenständen als solches interpretiert. Hier wird Sicherheit durch das Besitzen bestimmter Dinge empfunden – ein Verlust würde Leidensdruck hervorrufen.

So empfiehlt auch das DSM IV die Diagnosestellung einer Zwangsstörung bei extremer Sammelwut (wenn zum Beispiel die Anhäufungen wertloser Objekte eine erhöhte Brandgefahr darstellen und den Durchgang durch ein Haus erschweren) (2003, S.796)

Gisela Steins sieht das Horten als eine Schnittstelle zur Zwangsstörung:

„Eine Teilgruppe betroffener Messies hortet und sammelt die unterschiedlichsten Gegenstände in einem für andere Menschen schwer nachvollziehbaren Ausmaß; einige Betroffene ordnen diese zwanghaft, andere wiederum ordnen nicht und trennen sie auch nicht" (Steins nach Hemlep 2005 S.32)

„Steins erwähnt das von zahlreichen Messies als zwanghaft erlebte Sammeln und Horten aber auch das Erleben einiger Betroffener als desorganisiert, ohne einen Hang zum Sammeln und Horten aufzuweisen. Somit liegen nicht notwendigerweise Zwänge im klassischen Sinn vor. (...) Steins beschreibt den Unterschied von Messies zu Menschen, die eine Zwangserkrankung haben wie folgt: „Während sich Zwangserkrankungen beispielsweise durch das Einhaltenmüssen bestimmter Rituale oder das Denkenmüssen bestimmter Gedanken auszeichnen, ist eine Desorganisationsproblematik durch das vollständige Fehlen eines Ordnungskriteriums gekennzeichnet"(ebd.)

Zu diesen Punkten ist allerdings auch das Kriterium der Einsicht in die Übertreibung und Unsinnigkeit der Zwangshandlungen, der trotzdem erfolgenden immer wiederholten Handlung und dem damit verbundenen Leidensdruck zu betrachten.

Messies erleben zwar die Unordnung ihres Lebensraumes als unangenehm, jedoch sind sie sich keiner unsinnigen Handlungen bewusst. Sie empfinden beispielsweise ihre Sammeltätigkeit als durchaus rational – da man diese Dinge vielleicht durchaus noch irgendwann braucht.

Messietum lässt sich also nicht auf Zwangshandlungen und Zwangsgedanken reduzieren; einige Kriterien entsprechen zwar denen der Zwangsstörung, aber diese teilweisen Überlappungen lassen meines Erachtens keine eindeutige Diagnose als Zwangsstörung zu, da es zu viele Unterschiede gibt.

AD(H)S

AD(H)S ist die Abkürzung für Aufmerksamkeits Defizit (mit Hyperaktivität) Syndrom. Diese Erkrankung wird hauptsächlich bei Kindern diagnostiziert. Nach dem DSM IV (vgl. 2003 S.126) gibt es 3 Hauptsymptome; Unaufmerksamkeit, Hyperaktivität und Impulsivität. Dabei sind die Diagnosekriterien zu den Hauptsymptomen in verschiedene Unterpunkte gegliedert, von denen auch zur Diagnose beim Erwachsenen mindestens 6 erfüllt werden müssen. Allerdings scheint die Krankheit bereits in der Kindheit vorhanden sein zu müssen und kann dann bei bis zu zwei Dritteln im Erwachsenenalter weiter bestehen.

Nach Pilchei (2008) sind Depressionen, Sucht- und Angsterkrankungen und Persönlichkeitsstörungen typische Folgeerkrankungen erwachsener AD(H)S Patienten.

Symptome beim Erwachsenen können unter anderem nach Pilchei (vgl.ebd.) sein:

- Fehlendes Zeitgefühl, Verspätungen, Hektik

- Alltagsaufgaben werden nicht oder unvollständig erledigt

- Auffällige Unordnung oder zwanghafter Perfektionismus

- Desorganisation, besonders bei gleichzeitigen Aufgaben

- Vergesslichkeit und fehlende Aufmerksamkeit

- Leseunlust

- Flüchtigkeitsfehler, Verdrehen von Buchstaben und Zahlen

- Temperamentsausbrüche in jede Richtung

- Übertriebenes Ruhebedürfnis bei Überforderungssituationen

- Andauerndes Grübeln auch mit Einschlafstörungen

- Zwanghafte Verhaltensmuster und Süchte (Alkohol, Cannabis u.Ä.)

- Hohe Impulsivität, provokantes Verhalten, Missachtung von Regeln

- Innere Ruhelosigkeit, körperlicher Bewegungsdrang

- kann nicht stillsitzen

- Starker Rededrang, dabei Abweichen vom Thema

Könnte das Messie-Phänomen AD(H)S zugeordnet werden?

Mit Sicherheit gibt es auch hier einige Überlappungen der Symptome des Messie-Phänomens. So fallen sofort die Desorganisation und die Unordnung sowie das fehlende Zeitgefühl ins Auge. Auch Messies leben im beständigen Chaos, können keine Aufgabe zu Ende bringen und keinen Zeitplan einhalten.

Allerdings erscheinen viele andere Symptome bei Messies äußerst fraglich: Leseunlust, provokantes Verhalten, Regelmissachtung und Rededrang sind nicht als „messietypisch" zu bezeichnen. Sicher gibt es auch Messies mit AD(H)S, aber es scheint schwierig, auf Grund der benannten Übereinstimmungen bei Messies AD(H)S zu diagnostizieren.

Zwanghafte Persönlichkeitsstörung

Nach Angabe des DSM IV ist:

"Das Hauptmerkmal einer Zwanghaften Persönlichkeitsstörung (...) die starke Beschäftigung mit Ordnung, Perfektion sowie psychischer und zwischenmenschlicher Kontrolle, dies auf Kosten von Flexibilität, Aufgeschlossenheit und Effizienz. Dieses Verhaltensmuster entwickelt sich im frühen Erwachsenenalter und zeigt sich in verschiedenen Situationen" (2003, S.793)

Von den folgenden Diagnostischen Kriterien müssen mindestens vier zutreffen:

1. beschäftigt sich übermäßig mit Details, Regeln, Listen, Ordnung, Organisation oder Plänen, so daß! Der wesentliche Gesichtspunkt der Aktivität dabei verlorengeht,

2. zeigt einen Perfektionismus, der die Aufgabenerfüllung behindert (z.B. kann ein Vorhaben nicht beendet werden, da die eigenen überstrengen Normen erfüllt werden),

3. verschreibt sich übermäßig der Arbeit und Produktivität unter Ausschluß von Freizeitaktivitäten und Freundschaften (nicht auf offensichtliche finanzielle Notwendigkeit zurückzuführen),

4. ist übermäßig gewissenhaft, skrupulös und rigide in Fragen von Moral, Ethik und Werten (nicht auf kulturelle und religiöse Orientierung zurückzuführen),

5. ist nicht in der Lage, verschlissene oder wertlose Dinge wegzuwerfen, selbst wenn sie nicht einmal Gefühlswert besitzen,

6. delegiert nur widerwillig Aufgaben an andere oder arbeitet nur ungern mit anderen zusammen, wenn diese nicht genau die eigene Arbeitsweise übernehmen,

7. ist geizig sich selbst und anderen gegenüber; Geld muß im Hinblick auf befürchtete zukünftige Katastrophen gehortet werden,

8. zeigt Rigidität und Halsstarrigkeit.

Ist das Messie- Phänomen der Zwanghaften Persönlichkeitsstörung zugehörig?

Bei den vorliegenden Symptomen der Zwanghaften Persönlichkeitsstörung lassen sich auf den ersten Blick viele Überlappungen mit dem Messie-Phänomen feststellen. Bei näherem Vergleich kann man von einer ähnlichen Anfangszeit in der Persönlichkeitsentwicklung ausgehen. Beides manifestiert sich im frühen Erwachsenenalter. Zum ersten Kriterium ist festzustellen, dass auch Messies sich dauernd mit Ordnung beschäftigen und sich, wie bereits bemerkt, durch eine eingeschränkte Sichtweise im Detail verlieren.

Auch beim zweiten Kriterium lassen sich Berührungspunkte finden – auch Messies beenden selten Aufgaben, wobei es hier weniger an angestrebter Perfektion zu liegen scheint, sondern sich eher im ständigen Anfangen neuer Tätigkeiten erklärt.

Die Kriterien 3 und 4 kann ich nicht bei den Hauptmerkmalen der Messies wiederfinden.

Das 5. Kriterium wiederum scheint genau auf das Horten der Messies zuzutreffen, auch sie unterscheiden nicht zwischen brauchbar und unbrauchbar.

Für das 6. und 7. Kriterium finde ich keine offensichtliche Übereinstimmung.

Kriterium 8 ließe sich vielleicht heranziehen, wenn man die Halsstarrigkeit mit dem Festhalten der Messies an ihrer Art der Haushaltsführung gleichsetzt.

Aus diesen Gründen empfinde ich eine Zuordnung des Messie-Phänomens zur zwanghaften Persönlichkeitsstörung ebenfalls als schwierig.

Komorbidität beim Messie-Phänomen

Bei näherer Beschäftigung mit dem Thema fällt auf, dass Betroffene auch oft an anderen psychischen Störungen und/oder Erkrankungen leiden. Was dabei ursächlich ist und was zu den Folgeerkrankungen zählt, wird in der Zukunft noch weiter erforscht werden müssen.

Gisela Steins hat zu dieser Thematik bereits im Jahr 2000 Studienergebnisse vorgelegt. Diesen ist zu entnehmen, dass ein sehr hoher Prozentsatz (über 40%) der Betroffenen unter Depressionen leidet. Essstörungen folgen mit über 30%, danach wurden Angststörungen mit über 20% festgestellt. Ebenfalls im erhöhten Bereich mit ca. 25% stellte sie bei den Befragten stressbezogene Probleme fest, gefolgt von Drogenproblemen (20%).

Zusätzlich erwähnt werden an dieser Stelle Antriebsschwäche, Selbstwertdefizite und Tinnitus.

12,77% der Befragten gaben an, angeblich an keinen weiteren Störungen zu leiden (vgl. Hemlep nach Steins, 2005 S. 30).

In einer zweiten Studie Steins ergab sich, dass Messies doppelt so häufig unter Depressionen leiden, wie die befragte Vergleichsgruppe.

Allerdings zieht sie an dieser Stelle keine Rückschlüsse auf eine Kausalität. Statt dessen vermutet sie, dass sich Desorganisationsprobleme und depressive Zustände gegenseitig verstärken könnten. Gegen eine Depression als Grunderkrankung sprechen ihrer Meinung nach auch die vielfältigen Interessen und Hobbies, denen Messies (wenn oft auch nur vorübergehend) nachgehen (vgl. ebd.).

Ebenfalls häufig erwähnt werden in Zusammenhang mit der Messie Problematik Borderline, Neurosen, Demenz und Psychosen, worauf ich hier nur hinweisen möchte.

Therapieansätze

Als Hauptinstrument im Bewältigen der Messie Problematik kann man meines Erachtens die Vielzahl der Selbsthilfegruppen auf diesem Gebiet benennen.

Seit Sandra Felton 1985 die erste Selbsthilfegruppe gründete, sind ihr weltweit viele weitere gefolgt.

Sicherlich lässt sich das mit dem hohen Schamgefühl Betroffener erklären, in diesem Rahmen ist man unter Mitbetroffenen; man macht seine Probleme und scheinbaren Defizite nicht zu öffentlich.

Auch Selbsthilfeseiten und Ratgeberforen im Internet werden verstärkt genutzt, da hier erst recht die Anonymität gewahrt bleibt. Durch die geringe Akzeptanz Außenstehender und die eigene Schuldzuweisung, unfähig zu sein, ist das Aufsuchen professioneller Hilfe noch selten.

Auch die professionellen Möglichkeiten sind noch als relativ gering zu bezeichnen. So ergab eine Studie der Siegmund Freud Privatuniversität Wien folgende Ergebnisse:

„Bisher gibt es vier wesentliche Maßnahmen:

a) Hilfestellungen durch konkrete Handlungsanweisungen

b) Coaching

c) Kognitive Verhaltenstherapie

d) Selbsthilfe (am meisten verbreitet)

Die therapeutischen Erfolge werden unterschiedlich interpretiert, sind jedoch durchweg nicht zur Euphorie Anlass gebend" (2008)

Fazit

In der neueren Forschung finden sich immer wieder die Versuche, dass Messie-Phänomen bekannten Krankheitsbildern zuzuordnen. Begründet ist dieses Vorgehen scheinbar zum einen in der vorangehenden Aufführung überlappender Symptome, zum anderen in der hohen Komorbidität dieses Störungsbildes.

Meines Erachtens steckt die Forschung auf diesem Gebiet noch in den Kinderschuhen, weitere Studien werden sicher neue Ergebnisse bringen, vor allem da der Focus der Fachwelt und der Laien sich diesem Thema immer weiter zuwendet.

Persönlich muss ich feststellen, das die Verwandtschaften und Überlappungen mit anderen klinischen Phänomenen derzeit nicht ausreichend scheinen, um das Messie-Phänomen darunter zu subsumieren.

Quellenverzeichnis

BÖNIGK- SCHULZ, MARIANNE (2003): Das Messie- Syndrom, Plädoyer für eine Blickwendung. <http://www.femmessies.de/tagung/vortrag_bad_boll.htm>. 2008-07-19.

DETTMERING, PETER: Das Vermüllungssyndrom. Theorie und Praxis. Frankfurt a.m.: EschbornVerlag 2001.

FELTON, SANDRA: Im Chaos werden Rosen blühn. Moers: Brendow Verlag 1995.

FURLANI, MANUELA: Interventionsmöglichkeiten beim Messie- Syndrom. Essen: Diplomarbeit Universität Essen 2004.

HEMLEP, ILSE: Das Messie- Phänomenen. Deskription, Entstehung, Problematik, Hilfen. Kiel: Diplomarbeit FH Kiel 2005.

KNECHT, THOMAS (2007):
<http://www.medicalforum.ch/pdf/pdf.d/2007/2007-41-156.PDF>
S.839. 2008-05-27.

PASTENACI, RENATE: Vermüllung als Syndrom Psychischer Erkrankungen. Berlin: Dissertation FU Berlin 1993.

PILCHWEI, JOHANNES: ADHS bei Erwachsenen.
<http://www.netdoctor.de/adhs/erwachsene.htm> 2008-07-02.

PRITZ, ALFRED: Das Messie Syndrom. Ein Projekt an der SFU.
<http://telfser.com/static/antville/telfser/files/das%20messiesyndrom.pdf> 2008-07-24.

RASKOB, ANJA BEATE: Bindung, Besitz und Desorganisation. Eine Untersuchung im Kontext der Bindungstheorie. Bielefeld: Diplomarbeit 2002.

REINECKER, HANS: Ratgeber Zwangsstörungen. Informationen für Betroffene und Angehörige. Göttingen: Hogrefe Verlag 2006.

SASS, HENNING u.a.: Diagnostisches und Statistisches Manual Psychischer Störungen. Textrevision. Göttingen: Hogrefe Verlag 2003.

STANGL, WERNER: <http://arbeitsblaetter.stangl-taller.at/SUCHT/Messie.shtml> 2008-07-23.

Einzelpublikationen

- Zwanghafte Persönlichkeitsstörung und Zwangsstörung. Zu den Gemeinsamkeiten und Unterschieden beider Störungen von Alice Herwig, 2010, ISBN: 978-3-656-02720-1
- Die Zwangsstörung - Eine psychische Erkrankung von Sascha Krüger, 2011, ISBN: 978-3-656-07625-4
- Zwangsstörung – Erklärungsmodelle und Darstellung des verhaltenstherapeutischen Behandlungsablaufes von Undine Thiemeier, 2009, ISBN: 978-3-640-51764-0
- Phänomen Messie: Eine neue Form der Zwangserkrankung? von Silke Bachert, 2008, ISBN: 978-3-640-60032-8